Wok
Grille
Tapas
Schokolade
Schnelle Gerichte
Cocktails
Desserts
Partyküche
Cupcakes & Muffins
Vegan
Säfte & Shakes
Studenten Küche
Vegetarisch
Backen

Natürliche Küche

Tut gut – schmeckt gut!

Parragon

Bath • New York • Cologne • Melbourne • Delhi
Hong Kong • Shenzhen • Singapore

Parragon Books Ltd
Chartist House
15–17 Trim Street
Bath BA1 1HA, UK
www.parragon.com

Realisation der deutschen Ausgabe: trans texas publishing services GmbH, Köln
Satz: lesezeichen Verlagsdienste, Köln

ISBN 978-1-4748-3752-1

Printed in China

Hinweis

Sofern die Schale von Zitrusfrüchten benötigt wird, verwenden Sie unbedingt unbehandelte Früchte. Sind Zutaten in Löffeln angegeben, ist immer ein gestrichener Löffel gemeint. Ein Teelöffel entspricht 5 ml, ein Esslöffel 15 ml.

Sofern nicht anders angegeben, wird Vollmilch (3,5 % Fett) verwendet. Es sollte stets frisch gemahlener schwarzer Pfeffer verarbeitet werden.

Bei Eiern und einzelnen Gemüsesorten, z. B. Kartoffeln, verwenden Sie mittelgroße Exemplare. Kinder, ältere Menschen, Schwangere, Kranke und Rekonvaleszenten sollten auf Gerichte mit rohen oder nur leicht gegarten Eiern verzichten.

Die angegebenen Zeiten können von den tatsächlichen leicht abweichen, da je nach verwendeter Zubereitungsmethode und vorhandenem Backofentyp Schwankungen auftreten.

Inhaltsverzeichnis

Einleitung

»Mens sana in corpore sano«, kennen Sie das noch? In einem gesunden Körper wohnt ein gesunder Geist. Das wünscht sich gewiss jeder, doch wie erhalte ich meinen Körper gesund? Zwei Säulen sind dafür von großer Bedeutung: regelmäßige körperliche Bewegung und gesunde Ernährung. Leider gehen die Empfehlung darüber, was gesunde Ernährung ist, vielfach auseinander. Nahrungsergänzungsmittel werden mal gelobt, mal verteufelt; frische Säfte haben viele Nährstoffe, aber auch sehr viel Fruchtzucker; Fleisch und Wurst können fettig sein, aber der Körper braucht auch ein bisschen Fett, um Vitamine zu lösen und umzuwandeln. Sie sehen, es ist gar nicht so einfach.

Was jedoch niemals infrage gestellt wird, ist die Empfehlung von frischer und vor allem abwechslungsreicher Kost. Jedes noch so gesunde Lebensmittel versorgt den Körper niemals mit allem, was er braucht, nur die breite Auswahl an Speisen liefert die Makronährstoffe Eiweiß,

Fette, Kohlenhydrate und darüber hinaus alle Mikronährstoffe wie Vitamine und Mineralstoffe. Essen Sie darum reichlich Obst, Gemüse und Getreide und in kleineren Mengen Fisch, Fleisch und Eier. Eine wunderbare Hilfe liefern die natürlichen Farben der Lebensmittel: je bunter, umso ausgewogener der Nährgehalt.

Nicht Verzicht wird hier gelehrt, sondern frischer Genuss. Achten Sie auf jeden Fall auf die gute Qualität der Zutaten. Bevorzugen Sie marktfrisches Obst und Gemüse und kaufen Sie Fleisch und Fisch im Fachhandel. Meiden Sie Fertigprodukte mit Zusatzstoffen wie Konservierungsmitteln, Farbstoffen und Geschmacksverstärkern. Gegen Tomaten aus der Dose etwa ist hingegen nichts einzuwenden. Sie werden erntefrisch verarbeitet und ohne Zusätze konserviert. Das ist vor allem im Winter besser als fade Treibhausware, die eventuell schon zu lange gelagert wurde.

Viele Speisen sind in wenigen Minuten zubereitet, sodass auch nach der Arbeit ein Salat oder eine Suppe nach kurzer Zeit auf dem Tisch stehen können. Nutzen Sie die breite Auswahl an Zubereitungsarten und besonderen Gewürzen aus der asiatischen, indischen oder mediterranen Küche. Selbst unter unseren Dessert-Helden finden Sie nur ganz wenige »Sünden«, denn Obst und vollwertiges Getreide werten die Süßspeisen ernährungsphysiologisch auf. Und schließlich: Genießen Sie Ihre Mahlzeiten mit anderen, auch das ist erwiesenermaßen gesund!

Frisch gemachte Salate, Snacks & Suppen

Ziegenkäsebällchen mit Honig

Frisch gemachte Salate, Snacks & Suppen

Zutaten für 12 Bällchen

- 150 g Ziegenfrischkäse ohne Rinde
- 1 TL flüssiger Honig
- Meersalz und Pfeffer
- 40 g Pistazienkerne, fein gehackt

So geht's

Käse und Honig mit Salz und Pfeffer in einer Schüssel vermischen.

Aus der Mischung gehäufte Teelöffel abstechen und auf eine Platte setzen, sodass sich etwa zwölf Portionen ergeben.

Die Pistazien auf einen flachen Teller geben, dann jeweils eine Käseportion nehmen und in den Pistazien rollen, bis gleichmäßig überzogene Bällchen entstehen. Auf eine Platte geben und mindestens 1 Stunde in den Kühlschrank stellen. Eventuelle Pistazienreste in einen Gefrierbeutel geben und bis zu 3 Tage im Kühlschrank aufbewahren.

Regenbogen-Sushi-Rollen

Frisch gemachte Salate, Snacks & Suppen

Zutaten für 1 Portion

- 175 g Sushi-Reis
- Meersalz
- 2 EL Mirin
- 1 EL Olivenöl
- 100 g dünner grüner Spargel, geputzt
- 4 Sushi-Noriblätter
- 105 g Sushi-Ingwer (Gari), abgetropft
- 25 g Grünkohl, in Streifen
- je 1 kleine rote und gelbe Paprika, halbiert und in feinen Streifen
- 100 g Karotten, in Streifen
- 100 g gekochte Rote Beten, abgetropft und in Streifen
- 2 EL Tamari (Sojasauce)
- 2 EL chinesischer Reiswein

So geht's

Reis und 750 ml Wasser mit etwas Salz in einen Topf geben und unter gelegentlichem Rühren aufkochen. Die Hitze auf kleinste Stufe stellen, ein sauberes Küchentuch und den Deckel auflegen und 18–20 Minuten ziehen lassen, bis der Reis weich ist und das Wasser aufgesogen hat. Gegen Ende der Garzeit den Reis umrühren, damit er nicht am Boden ansetzt. Vom Herd nehmen und den Mirin vorsichtig einrühren. 10 Minuten abkühlen lassen.

Das Öl in einer Pfanne erhitzen, den Spargel hineingeben und auf mittlerer Stufe 3–4 Minuten braten, bis er weich ist. Beiseitestellen.

Eine Sushi-Matte mit Frischhaltefolie belegen und ein Noriblatt darauflegen. Ein Viertel vom warmen Reis über das gesamte Noriblatt verteilen. Ein Viertel des Ingwers überlappend als Streifen von links nach rechts auf den Reis legen. Dann je ein Viertel von Spargel, Grünkohl, Paprika, Karotten und Roten Beten als Streifen daneben auflegen. Neben den Roten Beten sollte noch ein Reisstreifen von 2 cm bleiben. Mithilfe der Folie und der Matte das Noriblatt mit Füllung zu einer festen Rolle formen. Die Matte entfernen, die Enden der Folie verdrehen und die Rolle auf ein Tablett legen. Auf dieselbe Weise drei weitere Rollen herstellen. Anschließend 1 Stunde in den Kühlschrank legen.

Zum Servieren Tamari und Reiswein in einer Schüssel vermischen und auf vier Dipschälchen verteilen. Die Norirollen aus der Folie wickeln und in jeweils fünf dicke Scheiben schneiden. Sofort servieren.

Marinierte Sojabohnen

Frisch gemachte Salate, Snacks & Suppen

Zutaten für 10–12 Portionen

- 225 g frische Sojabohnen in der Hülse, Stielansätze mit der Schere entfernt
- 300 ml chinesischer Reiswein
- 3 EL Zucker

So geht's

Die Bohnen in einem Topf mit leicht gesalzenem Wasser 15 Minuten abgedeckt kochen, bis sie weich werden, die Hülsen sich aber noch nicht geöffnet haben. Abtropfen und auskühlen lassen.

Die Bohnen mit 200 ml kaltem Wasser und den restlichen Zutaten in eine Schüssel geben. Die Bohnen sollten mit Flüssigkeit bedeckt sein. An einem kühlen Ort 24 Stunden ziehen lassen. Kalt servieren. Die Bohnen drückt man direkt aus der Hülse in den Mund.

Gebackene Feigen mit Gorgonzola

Frisch gemachte Salate, Snacks & Suppen

Zutaten für 4 Portionen

- 100 g Vollkornbaguette, in 2 cm dicke Scheiben geschnitten
- 8 frische, kleine Feigen
- 55 g Gorgonzola, Rinde entfernt und in 8 Würfel geschnitten
- 4 TL flüssiger Wildblütenhonig

So geht's

Den Backofen auf 180 °C vorheizen. Das Brot von beiden Seiten leicht toasten, dann auf ein kleines Backblech legen.

Die Feigen am Stielansatz kreuzweise einschneiden und je einen Käsewürfel hineindrücken. Dann je eine Feige auf eine Baguettescheibe setzen. 5–6 Minuten im vorgeheizten Ofen backen, bis die Feigen heiß sind und der Käse gerade geschmolzen ist.

Auf Teller oder ein Servierbrett heben, mit dem Honig beträufeln und sofort servieren.

Tomaten-Paprika-Türmchen

Frisch gemachte Salate, Snacks & Suppen

Zutaten für 4 Portionen

- 1 TL Olivenöl
- 2 Schalotten, fein gehackt
- 2 Knoblauchzehen, zerdrückt
- Pfeffer
- 2 rote Paprika, gehäutet und in Streifen geschnitten
- 1 orange Paprika, gehäutet und in Streifen geschnitten
- 4 Tomaten, in Scheiben
- 2 EL frisch zerzupftes Basilikum
- grüner Salat, zum Servieren

So geht's

Vier etwas größere Ramequinformen leicht mit dem Öl einfetten. Schalotten und Knoblauch in einer Schale mischen und mit Pfeffer würzen.

Rote und orange Paprika abwechselnd mit den Tomatenscheiben in die Formen schichten. Dabei jede Schicht mit etwas Schalottenmischung und Basilikum bestreuen. Wenn alle Zutaten aufgebraucht sind, Frischhaltefolie oder Backpapier darauflegen und das Gemüse mit kleinen Gewichten beschweren. Im Kühlschrank mindestens 6 Stunden oder vorzugsweise über Nacht ziehen lassen.

Vor dem Servieren Gewichte und Folie/Papier vorsichtig entfernen und mit einem Messer das Gemüse vom Rand der Formen lösen. Auf Servierteller stürzen und mit grünem Salat servieren.

Süßkartoffelfritten

Zutaten für 4 Portionen

- Pflanzenöl aus der Spraydose
- 900 g Süßkartoffeln
- ½ TL Salz
- ½ TL gemahlener Kreuzkümmel
- ¼ TL Cayennepfeffer

So geht's

Den Backofen auf 230 °C vorheizen. Ein Backblech mit Öl besprühen. Die Süßkartoffeln in etwa 5 mm dicke Stifte schneiden. In einer Schicht auf dem vorbereiteten Blech verteilen und mit dem Öl besprühen.

Salz, Kreuzkümmel und Cayennepfeffer in einer Schale mischen und die Süßkartoffeln damit bestreuen. Sorgfältig vermengen.

Im vorgeheizten Backofen 15–20 Minuten goldbraun backen und heiß servieren.

Zutaten für 24 Bällchen

- 115 g Quinoa
- 3 Tomaten, halbiert
- 2 Knoblauchzehen, fein gehackt
- 2 TL abgezupfte frische Thymianblätter
- Meersalz und Pfeffer
- 2 EL natives Olivenöl extra
- 115 g junger Spinat, abgespült und abgetropft
- 175 g Feta, fein gerieben
- 1 Prise frisch geriebene Muskatnuss
- 25 g entsteinte schwarze Oliven, fein gehackt
- 1 EL frisch gehacktes Basilikum
- süße Chilisauce, zum Servieren (nach Belieben)

So geht's

Quinoa in 350 ml kochendem Wasser 20 Minuten bei mittlerer Hitze garen, bis die Quinoa weich und das Wasser vollständig aufgesogen ist.

Den Backofengrill vorheizen. Die Tomaten mit der Schnittseite nach oben auf einen mit Alufolie belegten Grillrost legen. Mit Knoblauch, Thymian und etwas Salz und Pfeffer bestreuen. Mit 1 Esslöffel Öl beträufeln und 10 Minuten grillen.

Den Spinat in einer beschichteten Pfanne 2–3 Minuten garen, bis er zusammenfällt. Aus der Pfanne heben und fein hacken. Mit einem Drittel von Quinoa und Käse mischen und mit Muskat, Salz und Pfeffer würzen.

Die Tomaten schälen, hacken und zum Saft in die Spinatpfanne geben. Ein weiteres Drittel der Quinoa zugeben und 2–3 Minuten garen, bis die Mischung so trocken ist, dass man sie zu Bällchen formen kann. Vom Herd nehmen und ein Drittel des Käses einrühren.

Die restliche Quinoa mit restlichem Käse, Oliven, Basilikum und etwas Salz und Pfeffer verrühren. Aus jeder Quinoaportion acht Bällchen formen und bis zum Servieren in den Kühlschrank stellen.

Den Backofen auf 180 °C vorheizen. Ein Backblech mit dem restlichen Öl bestreichen. Die Quinoabällchen darauf unter einmaligem Wenden 10 Minuten backen, bis sie goldbraun sind und der Käse geschmolzen ist. Heiß oder kalt mit Chilisauce zum Dippen servieren.

Salat mit Roter Bete & Emmer

Frisch gemachte Salate, Snacks & Suppen

Zutaten für 4 Portionen

- 2 Rote Beten (etwa 175 g), geviertelt
- 3 Thymianzweige
- 5 EL Walnussöl
- 100 g geschälter Emmer, abgespült
- 1 große rote Paprika, längs halbiert
- 25 g Walnüsse, grob gehackt
- 85 g Rucola
- Balsamico-Creme, zum Beträufeln
- Meersalz und Pfeffer

So geht's

Den Backofen auf 190 °C vorheizen und zwei Quadrate aus Alufolie zurechtschneiden.

Rote Beten und Thymian zu gleichen Teilen auf die beiden Alufolienstücke geben. Mit etwas Öl beträufeln und mit Salz und Pfeffer würzen. Beide Portionen zu Päckchen falten, dabei die Kanten fest verschließen. 30–40 Minuten im Ofen backen.

Inzwischen den Emmer in einen Topf geben, mit Wasser bedecken, aufkochen und 30 Minuten köcheln lassen. Alternativ nach Packungsangabe verfahren. Den Emmer abgießen, abtropfen lassen und in eine Schüssel geben.

Den Backofengrill auf hohe Stufe stellen. Die Paprika mit der Schnittfläche nach unten auf einen Grillrost legen und 10 Minuten grillen. Die Haut sollte dunkelbraun sein und Blasen werfen. Aus dem Ofen nehmen und mit einem Küchenhandtuch abgedeckt 10 Minuten ruhen lassen. Das Handtuch entfernen und die Haut von den Paprikastücken abziehen. Das Fruchtfleisch grob hacken.

Den Emmer auf vier Teller verteilen. Die Rote-Bete-Viertel nochmals halbieren und über den Emmer legen. Paprika, Walnüsse und Rucola darüber verteilen.

Mit dem restlichen Öl und Balsamico-Creme beträufelt servieren.

Garnelen in scharfer Kokosmilch

Frisch gemachte Salate, Snacks & Suppen

Zutaten für 4 Portionen

- 4 EL Olivenöl
- ½ TL dunkle Senfkörner
- ½ TL Bockshornklee-samen
- 1 große Zwiebel, fein gehackt
- 2 TL Knoblauchpüree
- 2 TL Ingwerpüree
- 1–2 frische grüne Chilis, entkernt und gehackt
- 1 EL gemahlener Koriander
- ½ TL Kurkuma
- ½ TL Chilipulver
- 1 TL Salz
- 250 ml fettarme Kokosmilch
- 450 g gekochte Riesen-garnelen, ausgelöst und Darmfäden entfernt, Tiefkühlware, aufgetaut und abgetropft
- 1 EL Tamarindensaft oder Saft von ½ Limette
- ½ TL zerstoßener schwarzer Pfeffer
- 10–12 frische oder getrocknete Curryblätter

So geht's

3 Esslöffel Öl in einem mittelgroßen Topf erhitzen. Wenn das Öl sehr heiß ist, aber noch nicht raucht, Senfkörner, Bockshornklee und Zwiebel zufügen und unter häufigem Rühren 5–6 Minuten anbraten, bis die Zwiebel weich, aber nicht gebräunt ist. Knoblauch- und Ingwerpüree sowie Chilis zugeben und unter häufigem Rühren weitere 5–6 Minuten garen, bis die Zwiebelstücke goldbraun sind.

Koriander, Kurkuma und Chilipulver zufügen und 1 Minute rühren. Salz und Kokosmilch zugeben, dann Garnelen und Tamarindensaft. Alles sanft aufkochen und unter gelegentlichem Rühren 4 Minuten einkochen.

Währenddessen das restliche Öl in einem kleinen Topf erhitzen. Pfeffer und Curryblätter bei mittlerer Hitze 20–25 Sekunden darin anbraten. Dann das Öl unter die Garnelenmischung heben. Sofort servieren.

Fenchel-Orangen-Quinoa-Salat

Zutaten für 4 Portionen

- 900 ml Gemüsebrühe
- 225 g Quinoa, abgespült
- 3 Bio-Orangen
- 250 g Fenchel, in feine Scheiben gehobelt, Fenchelgrün zum Garnieren aufbewahrt
- 2 Frühlingszwiebeln, fein gehackt
- 15 g frische glatte Petersilie, grob gehackt

Dressing

- Saft von ½ Zitrone
- 3 EL natives Olivenöl extra
- Pfeffer

So geht's

Die Brühe in einem Topf aufkochen. Die Quinoa darin 10–12 Minuten garen, bis die Körner außen glasig und innen weiß sind. Die Brühe abgießen und die Quinoa abtropfen lassen. In eine Salatschüssel geben und abkühlen lassen.

Die Schale von zwei Orangen abreiben und in ein Schraubglas geben. Alle Orangen über einer Schüssel großzügig schälen, sodass auch die weiße Innenschale entfernt wird. Die Filets zwischen den Trennhäuten herauslösen und den Saft daraus im Schraubglas auffangen.

Orangenfilets, Fenchel, Frühlingszwiebeln und Petersilie unter die Quinoa mischen.

Für das Dressing Zitronensaft und Öl in das Schraubglas füllen und mit Pfeffer würzen. Zuschrauben und kräftig schütteln. Über den Salat träufeln. Mit dem Fenchelgrün garnieren und sofort servieren.

Tofu-Nudel-Salat

Frisch gemachte Salate, Snacks & Suppen

Zutaten für 4 Portionen

- 400 g fester Tofu, in 8 Scheiben
- 115 g Soba-Nudeln
- 200 g Edamame, Tiefkühlware
- 1 Karotte, in feinen Stiften
- 85 g Zuckererbsen, in feinen Stiften
- 115 g Mangold, Stiele in Stiften, Blätter gehackt
- 15 g frischer Koriander, grob gehackt
- 4 cm frischer Ingwer, fein gehackt

Marinade

- 2 EL Sojasauce
- 2 EL Sesamsaat
- 1 frischer roter Chili, entkernt und fein gehackt (nach Belieben)

Dressing

- 4 EL kalt gepresstes Rapsöl
- Saft von ½ Zitrone
- 1 EL süßsaure Chilisauce

So geht's

Den Boden einer Grillpfanne mit Alufolie belegen. Die Tofuscheiben nebeneinander daraufsetzen und die Alufolienränder nach oben schlagen, sodass eine Art Glocke entsteht.

Für die Marinade Sojasauce, Sesam, Chili, falls verwendet, und die Hälfte des Ingwers in einer Schale verrühren. Über den Tofu träufeln und 10 Minuten marinieren. Den Backofengrill vorheizen.

Wasser in einem großen Topf zum Kochen bringen. Nudeln und gefrorene Edamame darin 3–4 Minuten gar kochen. Das Wasser abgießen, dann Nudeln und Edamame unter fließend kaltem Wasser abschrecken.

Karotte, Zuckererbsen, Mangoldstiele und -blätter und Koriander in einer großen Schüssel vorsichtig mit Soba-Nudeln und Edamame vermengen.

Für das Dressing alle Zutaten mit dem restlichen Ingwer in einer Schale verrühren, über den Salat gießen und locker unterheben.

Den Tofu in der Marinade wenden und 2 Minuten von jeder Seite grillen. Einige Minuten abkühlen lassen, dann würfeln und zusammen mit den Marinaderesten aus der Folie über dem Salat verteilen. Sofort servieren.

Friséesalat mit Walnussdressing

Frisch gemachte Salate, Snacks & Suppen

Zutaten für 4 Portionen

- ½ Kopf Frisée, Blätter in mundgerechte Stücke gezupft
- 1 Romana-Salatherz, Blätter in mundgerechte Stücke gezupft

Dressing

- 50 g Walnusskerne, in grobe Stücke gebrochen
- 3 EL Olivenöl
- 1 TL flüssiger Honig
- 1 EL Weißweinessig
- 1 TL Dijon-Senf
- Pfeffer

So geht's

Zunächst das Dressing vorbereiten. Die Walnüsse in eine Pfanne geben, 1 Esslöffel Öl zugeben und auf mittlerer Stufe 2–3 Minuten rösten. Vom Herd nehmen, den Honig darüberträufeln und umrühren. Die Hitze der Pfanne reicht aus, um die Mischung leicht karamellisieren zu lassen.

Das restliche Öl in die Pfanne gießen und umrühren. 15 Minuten abkühlen lassen. Dann Essig und Senf in eine kleine Schüssel geben, mit etwas Pfeffer würzen und verrühren. Die Walnüsse und das Öl einrühren.

Frisée und Romana-Salat in eine Schüssel geben. Das Dressing darüberträufeln, sanft vermengen und sofort servieren.

Artischockenherzen mit Spargel

Frisch gemachte Salate, Snacks & Suppen

Zutaten für 4–6 Portionen

- 450 g grüner Spargel
- Salz
- 400 g Artischockenherzen aus der Dose, abgespült und abgetropft
- gemischte Salatblätter, zum Servieren

Vinaigrette

- 2 EL frisch gepresster Orangensaft
- ½ TL fein abgeriebene Bio-Orangenschale
- 2 EL Walnussöl
- 1 TL Dijon-Senf
- Salz und Pfeffer

So geht's

Den Spargel putzen und auf dieselbe Länge schneiden. Locker mit Küchengarn zusammenbinden. Falls Sie einen Spargelkocher haben, die Stangen nicht binden, sondern einfach in den Einsatz stellen.

Den Spargel in einem hohen Topf bei mittlerer Hitze 5 Minuten in leicht gesalzenem, kochendem Wasser knackig gar kochen. Die Spitzen sollten aus dem Wasser herausragen. Den Spargel unter fließend kaltem Wasser abschrecken und gut abtropfen lassen.

Den Spargel in 2,5 cm lange Stücke schneiden. Die Artischockenherzen in Spalten schneiden und mit dem Spargel in einer Schüssel vermengen.

Für die Vinaigrette Orangensaft und -schale, Walnussöl und Senf verrühren und mit Salz und Pfeffer würzen. Über Artischocken und Spargel gießen und die Zutaten vorsichtig vermengen.

Vor dem Servieren die Salatblätter auf Servierschalen verteilen und Artischocken und Spargel darauf anrichten.

Sprossensalat

Zutaten für 4 Portionen

- 350 g Bohnensprossen
- 1 kleine Gurke
- 1 grüne Paprika, in feine Stifte geschnitten
- 1 Karotte, in feine Stifte geschnitten
- 2 Tomaten, klein gewürfelt
- 1 Selleriestange, in feine Stifte geschnitten
- frischer Schnittlauch, zum Garnieren

Dressing

- 1 Knoblauchzehe, zerdrückt
- 1 Spritzer Chilisauce
- 1 EL helle Sojasauce
- 1 TL Weinessig
- 1 EL Sesamöl

So geht's

Die Bohnensprossen 1 Minute in kochendem Wasser blanchieren. Unter fließend kaltem Wasser abschrecken und gut abtropfen lassen.

Die Gurke längs halbieren, mit einem Teelöffel entkernen und das Fruchtfleisch in feine Stifte schneiden. Mit Bohnensprossen, Paprika, Karotte, Tomaten und Sellerie mischen.

Für das Dressing die Zutaten verrühren, über den Salat gießen und unterheben. Den Salat auf vier Servierteller verteilen, mit Schnittlauchhalmen garnieren und sofort servieren.

Französische Zwiebelsuppe

Zutaten für 6 Portionen

- 3 EL Olivenöl
- 700 g Zwiebeln, in dünne Ringe geschnitten
- 4 Knoblauchzehen, 3 davon fein gehackt, 1 halbiert
- 1 TL Zucker
- 2 TL frisch gehackter Thymian, plus einige Zweige zum Garnieren
- 2 EL Mehl
- 125 ml trockener Weißwein
- 2 l Gemüsebrühe
- 6 Scheiben Baguette
- 300 g Gruyère, gerieben

So geht's

Das Öl in einem großen Topf bei mittlerer Temperatur erhitzen und die Zwiebeln darin unter gelegentlichem Rühren dünsten, bis sie gerade zu bräunen beginnen.

Gehackten Knoblauch, Zucker und Thymian einrühren, die Temperatur reduzieren und unter gelegentlichem Rühren 30 Minuten dünsten, bis die Zwiebeln goldbraun sind.

Das Mehl über die Zwiebeln streuen und unter ständigem Rühren 1–2 Minuten anschwitzen. Den Wein zugießen. Nach und nach die Brühe einrühren und das Ganze aufkochen. Die Temperatur reduzieren und 45 Minuten köcheln.

In der Zwischenzeit den Backofengrill vorheizen. Das Brot von beiden Seiten unter dem Grill rösten, dann mit den Knoblauchhälften einreiben.

Die Suppe auf sechs ofenfeste Suppenschalen verteilen und diese auf ein Backblech stellen. Jede Portion mit einer Brotscheibe belegen und den Käse darauf verteilen. 2–3 Minuten grillen, bis der Käse zerläuft. Mit Thymianzweigen garniert sofort servieren.

Linsensuppe mit Spinat

Frisch gemachte Salate, Snacks & Suppen

Zutaten für 4 Portionen

- 1 TL Pflanzenöl
- 1 Zwiebel, fein gehackt
- 2 Knoblauchzehen, fein gehackt
- 2 Selleriestangen, gehackt
- 200 g Karotten, gewürfelt
- ½ TL Chilipulver
- 1 TL geräuchertes Paprikapulver
- 1 TL Kreuzkümmelsamen
- 200 g rote Linsen, abgespült
- 1 l Gemüsebrühe
- Salz und Pfeffer
- 50 g junge Spinatblätter, grob gehackt
- 100 g Cocktailtomaten, halbiert
- 4 EL Naturjoghurt, zum Servieren (nach Belieben)
- 4 Pita-Brote, in Streifen, zum Servieren (nach Belieben)

So geht's

Das Öl in einem großen Topf erhitzen. Zwiebel, Knoblauch, Sellerie und Karotten darin bei mittlerer Hitze 4–5 Minuten weich dünsten.

Chili- und Paprikapulver sowie Kreuzkümmelsamen zufügen und 1 Minute unter Rühren mitgaren.

Linsen und Brühe zufügen. Mit Salz und Pfeffer würzen und 10 Minuten kochen. Dann die Hitze auf niedrige Stufe reduzieren und bei aufgesetztem Deckel 20–25 Minuten sanft köcheln lassen, bis Gemüse und Linsen weich sind.

Spinat und Tomaten zugeben und 5 Minuten erhitzen, bis der Spinat zusammengefallen ist. Abschmecken. Die Suppe in vier Schalen füllen und nach Belieben mit Joghurt und Pita-Brot servieren.

Selleriesuppe mit Knusperstangen

Zutaten für 4 Portionen

- 3 EL Olivenöl
- 1 Zwiebel, gehackt
- 1 Selleriestange, in Stücke geschnitten
- 1 l Gemüsebrühe
- 1 kleines Bund frisch gehackter Thymian
- Salz und Pfeffer
- frische Thymianblätter, zum Garnieren

Knusperstangen

- 375 g frischer Blätterteig aus dem Kühlregal
- Mehl, zum Bestäuben
- 1 Ei, verquirlt
- 100 g Parmesan, fein gerieben
- Pfeffer
- Butter, zum Einfetten

So geht's

Das Öl auf mittlerer Stufe in einem großen Topf erhitzen, die Zwiebel hineingeben und 4–5 Minuten glasig dünsten.

Den Sellerie zufügen und unter Rühren 3–4 Minuten mitdünsten. Brühe und Thymian zugeben und 25 Minuten köcheln lassen, bis der Sellerie weich ist. Inzwischen den Backofen auf 200 °C vorheizen.

Für die Knusperstangen den Blätterteig auf der bemehlten Arbeitsfläche ausrollen. Mit der Hälfte vom Ei bestreichen, mit der Hälfte des Käses belegen und kräftig mit Pfeffer bestreuen.

Den Blätterteig auf die Hälfte falten. Mit dem restlichen Ei bestreichen und mit dem restlichen Käse belegen. Mit Pfeffer bestreuen. Zwei Backbleche leicht einfetten und mit Backpapier auslegen.

Den Teig in 1 cm dicke Streifen schneiden. Der Länge nach spiralförmig verdrehen. Auf die vorbereiteten Backbleche legen und 5 Minuten im vorgeheizten Ofen backen, bis sie knusprig hellbraun sind.

Die Suppe mit einem Stabmixer im Topf pürieren und langsam erhitzen. Mit Salz und Pfeffer abschmecken. Die Suppe in vorgewärmte Schüsseln füllen, mit Thymianblättern garnieren und mit den warmen Knusperstangen servieren.

Süßkartoffel-Apfel-Suppe

Zutaten für 4 Portionen

- 1 EL Butter
- 3 Porreestangen, in feinen Ringen
- 1 große Karotte, in feinen Scheiben
- 600 g Süßkartoffeln, gewürfelt
- 2 große Braeburn-Äpfel, geschält, entkernt und gewürfelt
- frisch geriebene Muskatnuss
- 250 ml Apfelsaft
- 250 g Schlagsahne
- Salz und Pfeffer
- frisch gehackter Schnittlauch oder Koriander, zum Garnieren

So geht's

Die Butter in einem großen Topf bei mittlerer Hitze zerlassen.

Den Porree zugeben, abdecken und unter häufigem Rühren 6–8 Minuten dünsten, bis er weich ist.

Karotte, Süßkartoffeln, Äpfel und 1,2 Liter Wasser zufügen. Mit Salz, Pfeffer und Muskatnuss würzen. Alles zum Kochen bringen, die Hitze reduzieren und unter gelegentlichem Rühren 20 Minuten abgedeckt köcheln lassen, bis das Gemüse weich ist.

Die Suppe leicht abkühlen lassen und mit einem Stabmixer im Topf pürieren. Den Apfelsaft einrühren und auf niedriger Stufe 10 Minuten erhitzen, bis die Suppe heiß ist. Die Sahne einrühren und unter häufigem Rühren 5 Minuten weitererhitzen, bis alles heiß ist. Mit Salz, Pfeffer und Muskatnuss abschmecken.

Die Suppe auf vorgewärmte Schüsseln verteilen und mit Schnittlauch garniert servieren.

Suppe aus Salat & Rucola

Frisch gemachte Salate, Snacks & Suppen

Zutaten für 6 Portionen

- 15 g Butter
- 1 große Zwiebel, halbiert und in Streifen geschnitten
- 2 Porreestangen, in Ringe geschnitten
- 1,5 l Gemüsebrühe
- 85 g Reis
- 2 Karotten, in Scheiben geschnitten
- 3 Knoblauchzehen
- 1 Lorbeerblatt
- 2 Kopfsalate (etwa 450 g), Strunk entfernt und grob gehackt
- 175 g Sahne
- frisch geriebene Muskatnuss, nach Belieben
- 85 g Rucola, grob gehackt, plus einige Blätter zum Garnieren
- Salz und Pfeffer

So geht's

Die Butter in einem großen Topf bei mittlerer Hitze zerlassen. Zwiebel und Porree zugeben und unter häufigem Rühren mit geschlossenem Deckel 3–4 Minuten dünsten.

Die Brühe zugießen und Reis, Karotten, Knoblauch, Lorbeerblatt und eine Prise Salz in den Topf geben. Aufkochen und bei niedriger Hitze zugedeckt 25–30 Minuten köcheln, bis Reis und Gemüse gar sind. Das Lorbeerblatt entfernen.

Den Kopfsalat in den Topf geben und unter gelegentlichem Rühren 10 Minuten kochen, bis die Blätter zusammengefallen sind. Vom Herd nehmen, leicht abkühlen lassen und anschließend glatt pürieren.

Die Suppe nochmals sanft erhitzen, aber nicht zum Kochen bringen. Nach Belieben Sahne und Muskatnuss zufügen. Unter gelegentlichem Rühren 5 Minuten köcheln, bis die Suppe durchgewärmt ist.

Den Rucola in den Topf geben und 2–3 Minuten kochen, bis er zusammengefallen ist. Mit Salz und Pfeffer abschmecken. Die Suppe in vorgewärmte Teller füllen und jeden mit einigen frischen Rucolablättern garnieren. Sofort servieren.

Geeister Erbsenschaum

Zutaten für 3–4 Portionen

- 425 ml Gemüsebrühe oder Wasser
- 675 g Erbsen, Tiefkühlware aufgetaut
- 50 g Frühlingszwiebeln, grob gehackt
- Salz und Pfeffer
- 300 g Naturjoghurt

Zum Garnieren

- 2 EL frisch gehackte Minze
- 2 EL frisch gehackte Frühlingszwiebeln oder Schnittlauch
- fein abgeriebene Bio-Zitronenschale
- Olivenöl

So geht's

Die Brühe in einem großen Topf bei mittlerer Hitze zum Kochen bringen. Die Hitze reduzieren, Erbsen und Frühlingszwiebeln zufügen und 5 Minuten köcheln lassen.

Die Brühe etwas abkühlen lassen, dann durch ein Haarsieb in eine Schüssel passieren. Die Erbsen zweimal durch das Haarsieb streichen, um die Erbsenschalen zu entfernen. Die Suppe salzen und pfeffern, dann den Joghurt unterrühren. Die Schüssel mit Frischhaltefolie abgedeckt mehrere Stunden in den Kühlschrank stellen.

Zum Servieren die Erbsensuppe mit einem Stabmixer kurz aufschäumen und in Schalen füllen. Mit Minze, Frühlingszwiebeln und Zitronenschale garnieren. Mit Olivenöl beträufeln und sofort servieren.

Zucchini-Walnuss-Brötchen

Zutaten für 8 Brötchen

- Olivenöl, zum Bestreichen
- 450 g gemischtes Vollkornmehl, plus etwas mehr zum Bestäuben
- 1 TL Kümmelsamen
- 1 TL Meersalz
- 2 EL Rohrohrzucker
- 25 g Butter
- 2 TL Trockenhefe
- 200 g Zucchini, grob gerieben
- 55 g Walnusskerne, grob gehackt

So geht's

Zwei Backbleche mit Backpapier auslegen. Ein Stück Frischhaltefolie mit Öl bestreichen.

Mehl, Kümmel, Salz und Zucker in einer Rührschüssel vermischen. Die Butter mit den Fingerspitzen einarbeiten, bis eine feinkrümelige Mischung entsteht. Die Hefe einrühren.

Die Zucchini unterheben, dann 150 ml lauwarmes Wasser zugießen und alles zu einem weichen Teig kneten. Auf eine leicht bemehlte Arbeitsfläche legen, die Walnüsse zugeben und 5 Minuten kneten, bis der Teig weich und elastisch ist.

Den Teig in acht Portionen aufteilen und zu Brötchen formen. Auf die vorbereiteten Backbleche legen. Locker mit geölter Frischhaltefolie abdecken und an einem warmen Ort 45 Minuten bis 1 Stunde ruhen lassen, bis der Teig aufgegangen ist.

Den Backofen auf 220 °C vorheizen. Die Folie entfernen, die Oberfläche der Brötchen mit etwas Mehl bestäuben und 10–12 Minuten im Backofen backen, bis sie goldbraun sind und beim Gegenklopfen hohl klingen. Auf ein Kuchengitter legen und vor dem Servieren abkühlen lassen. Die abgekühlten Brötchen in einen luftdicht schließenden Behälter geben und innerhalb von 2–3 Tagen verzehren.

Tomatenbrot

Frisch gemachte Salate, Snacks & Suppen

Zutaten für 2–4 Portionen

- 4 schräg geschnittene Scheiben Stangenweißbrot
- 2 vollreife Tomaten, halbiert
- 1 Knoblauchzehe, fein gehackt
- 2 EL Olivenöl

So geht's

Wenn das Brot sehr weich ist, unter dem vorgeheizten Backofengrill oder im Toaster von beiden Seiten goldbraun rösten.

Die Brotscheiben von einer Seite mit den Tomatenhälften einreiben. Mit dem gehackten Knoblauch bestreuen. Mit dem Olivenöl beträufeln.

Sofort servieren, da das Brot rasch aufweicht.

Meeresfrüchtesalat auf Brot

Frisch gemachte Salate, Snacks & Suppen

Zutaten für 16–20 Stück

- 125 g abgetropfte kleine Garnelen (Glas)
- 125 g abgetropftes weißes Krebsfleisch (Konserve)
- 1 Selleriestange, sehr fein gehackt
- 1 kleine rote Zwiebel, sehr fein gehackt
- 6 EL Mayonnaise
- Zitronensaft, zum Abschmecken
- 2 EL fein gehackte frische Petersilie
- 16–20 dünne Scheiben Baguette oder Ciabatta
- geräuchertes Paprikapulver edelsüß, zum Bestäuben
- Salz und Pfeffer
- 32–40 dünne Stücke gegrillte rote Paprika in Öl, abgetropft, zum Garnieren

So geht's

Garnelen und Krebsfleisch in einer Schüssel vermengen.

Sellerie, Zwiebel und Mayonnaise untermischen. Mit Zitronensaft abschmecken. Die Masse mit Salz und Pfeffer würzen und die Petersilie unterrühren. Den Meeresfrüchtesalat auf die Brotscheiben geben. Mit Paprikapulver bestäuben.

Zum Garnieren die Paprikastreifen kreuzweise auf die Tapas legen. Die Tapas auf einem Servierteller anrichten. Innerhalb von 30 Minuten servieren, da das Brot rasch aufweicht.

Neue Power mit Gemüse

Wurzelgemüsepfanne

Neue Power mit Gemüse

Zutaten für 4 Portionen

- 350 g Topinamburen, mit Schale, abgebürstet
- 450 g Rote Beten, gewürfelt
- 750 g Süßkartoffeln, gewürfelt
- 2 EL Olivenöl
- 1 rote Zwiebel, grob gehackt
- 2 TL Paprikapulver edelsüß
- ½ TL Senfpulver
- 3 TL frische Thymianblätter, plus etwas mehr zum Garnieren
- 4 Eier
- Salz und Pfeffer

So geht's

Größere Topinamburexemplare halbieren. Den Einsatz aus dem Dämpftopf nehmen, diesen halb mit Wasser füllen. Zum Kochen bringen und die Topinamburen hineingeben. Den Dämpfkorb einsetzen und die Roten Beten auf die eine Hälfte geben. Bei aufgesetztem Deckel 10 Minuten dämpfen. Die Süßkartoffeln neben die Roten Beten in den Korb geben und weitere 10 Minuten dämpfen, bis alle Gemüsesorten gar sind. Herausnehmen. Die Topinamburen schälen und würfeln.

1 Esslöffel Öl in einer großen Pfanne erhitzen. Die Zwiebel darin bei mittlerer Hitze 3–4 Minuten dünsten. Topinamburwürfel, Rote Beten und Süßkartoffeln zugeben und 10 Minuten braten, bis das Gemüse gebräunt ist.

Paprika- und Senfpulver sowie Thymian untermischen und mit Salz und Pfeffer würzen. Vier Vertiefungen in das Gemüse drücken, das restliche Öl in die Mulden träufeln und die Eier hineinschlagen. Mit Salz und Pfeffer bestreuen und bei aufgesetztem Deckel 4–5 Minuten stocken lassen, bis die Eier die gewünschte Konsistenz haben. Auf vier Tellern anrichten, mit Thymian garnieren und sofort servieren.

Rote-Bete-Burger

Neue Power mit Gemüse

Zutaten für 5 Burger

- 100 g Hirse, abgespült und abgetropft
- 1 große, rohe Rote Bete (etwa 150 g), geraspelt
- 30 g Karotte, geraspelt
- 175 g Zucchini, geraspelt
- 60 g Walnusskerne, fein gehackt
- 2 EL Apfelessig
- 2 EL Olivenöl, plus etwas mehr zum Braten
- 1 Ei, verquirlt
- 2 EL Speisestärke
- 5 Mehrkornbrötchen, halbiert, zum Servieren
- Salz und Pfeffer
- 5 Salatblätter, zum Servieren

Joghurtsauce

- 225 g Joghurt (10 % Fett)
- 2 Knoblauchzehen, fein gehackt

So geht's

Die Hirse mit 175 ml Wasser und einer Prise Salz in einem Topf bei mittlerer Hitze zum Kochen bringen. Die Hitze auf niedrige Stufe reduzieren und die Hirse bei aufgesetztem Deckel 20–25 Minuten gar kochen. Den Topf vom Herd nehmen und die Hirse 5 Minuten bei aufgesetztem Deckel ausquellen lassen.

Rote Bete, Karotte, Zucchini und Walnüsse in einer großen Schüssel mit Hirse, Essig, Öl, je ½ Teelöffel Salz und Pfeffer sorgfältig vermengen. Ei und Speisestärke einarbeiten. Abgedeckt im Kühlschrank 2 Stunden ziehen lassen.

Inzwischen für die Joghurtsauce den Joghurt in einer Schale mit Knoblauch verrühren. Mit Salz und Pfeffer abschmecken.

Die Burgermasse mit angefeuchteten Händen zu fünf Bratlingen formen. Das restliche Öl in einer gerippten Grillpfanne oder einer großen Bratpfanne auf mittlerer Stufe erhitzen. Die Bratlinge darin von jeder Seite 5 Minuten goldbraun braten.

Die unteren Brötchenhälften mit 1 Esslöffel Joghurtsauce bestreichen. Je einen Bratling und ein Salatblatt darauflegen. Mit der oberen Brötchenhälfte bedecken. Sofort servieren.

Rote-Bete-Falafeln

Neue Power mit Gemüse

Zutaten für 4 Portionen

- etwas Vollkornmehl, zum Bestäuben
- 1 Portion Pizzateig aus dem Kühlregal
- 2 Dosen Kichererbsen (à 400 g), abgetropft
- 1 rote Zwiebel, fein gehackt
- 2 Knoblauchzehen, in feinen Scheiben
- 1 TL Kreuzkümmelsamen, grob zerstoßen
- 1 TL Backpulver
- 2 rohe Rote Beten (etwa 175 g), grob gerieben
- 3 EL natives Olivenöl, zum Bestreichen
- Meersalz und Pfeffer
- Eisbergsalatblätter, in Streifen geschnitten

Zaziki

- ½ Gurke, halbiert, entkernt und fein gehackt
- 150 g Naturjoghurt
- 2 EL frisch gehackte Minze

So geht's

Den Backofen auf 220 °C vorheizen. Die Arbeitsfläche mit Mehl bestäuben. Den Teig vierteln und jedes Viertel zu einem etwa handgroßen Oval ausrollen. 10 Minuten gehen lassen. Zwei Backbleche 5 Minuten im Ofen erhitzen. Die Brote auf die heißen Bleche legen und 5–10 Minuten backen, bis sie leicht gebräunt sind. In ein sauberes Küchentuch einschlagen, damit sie weich bleiben.

Die Kichererbsen grob pürieren. In einer Schüssel mit Zwiebel, Knoblauch, Kreuzkümmelsamen, Backpulver und Roten Beten mischen und mit Salz und Pfeffer würzen. Mit einer Gabel gründlich vermengen.

Aus dem Falafelteig mit den Händen 20 kleine Kugeln formen. Einen Bräter einölen, dann 5 Minuten im Ofen erhitzen. Die Falafeln in den heißen Bräter legen und mit etwas Öl bestreichen. 20–25 Minuten grillen, dabei ein- oder zweimal wenden. Die Falafeln sollten gebräunt und das Gemüse weich sein.

Inzwischen für das Zaziki Gurke, Joghurt und Minze in einer Schüssel verrühren, salzen und pfeffern und nochmals gut mischen. Zum Servieren die Brote wie eine Tasche aufreißen, Eisbergsalat, Zaziki und Falafel einfüllen und servieren.

Eier in Paprikagemüse

Neue Power mit Gemüse

Zutaten für 4 Portionen

- 4 große Tomaten
- 1½ EL Rapsöl
- 1 große Zwiebel, fein gehackt
- ½ TL zerstoßene Koriandersamen
- ½ TL zerstoßene Kreuzkümmelsamen
- 2 rote Paprika, grob gehackt
- ¼ TL getrocknete rote Chiliflocken
- 1 große Knoblauchzehe, in feinen Scheiben
- 4 Eier
- Salz und Pfeffer
- 1 EL grob gehackte glatte Petersilie, zum Garnieren

So geht's

Die Tomaten in eine Schüssel geben und mit kochendem Wasser überbrühen. Nach 30 Sekunden das Wasser abgießen, dann die Tomaten häuten und hacken.

Das Öl in einer großen Pfanne erhitzen. Zwiebel, Koriander- und Kreuzkümmelsamen darin bei mittlerer Hitze etwa 10 Minuten unter gelegentlichem Rühren dünsten.

Paprika und Chiliflocken zugeben und 5 Minuten dünsten, bis die Paprika weich ist. Knoblauch und Tomaten untermischen und mit Salz und Pfeffer würzen. Die Hitze auf niedrige Stufe reduzieren und das Gemüse 10 Minuten ohne Deckel garen.

Die Eier aufschlagen und auf das Gemüse setzen. Bei aufgelegtem Deckel 4–5 Minuten stocken lassen, bis die Eier die gewünschte Konsistenz haben. Mit Salz und Pfeffer würzen. Mit der Petersilie garnieren und sofort servieren.

Gefüllte Paprika

Neue Power mit Gemüse

Zutaten für 4 Portionen

- 4 große rote Paprika, längs halbiert mit Stiel
- 1 EL Olivenöl
- 1 rote Zwiebel, gehackt
- 400 g mageres Rinderhackfleisch
- 2 Knoblauchzehen, zerdrückt
- ¼ TL geräuchertes scharfes Paprikapulver oder Chilipulver
- 1 TL gemahlener Kreuzkümmel
- 400 g Kichererbsen aus der Dose, abgetropft
- 400 g grüne Linsen aus der Dose, abgespült und abgetropft
- 400 g gehackte Tomaten aus der Dose
- 125 ml Rinderbrühe
- Salz und Pfeffer
- 175 g Naturjoghurt (nach Belieben)
- 15 g frische Minze, grob gehackt
- 15 g frische glatte Petersilie, grob gehackt

So geht's

Den Backofen auf 180 °C vorheizen. Die Paprikahälften mit den Schnittseiten nach oben in eine große Auflaufform setzen.

Das Öl in einer Pfanne erhitzen. Zwiebel, Hackfleisch und Knoblauch darin bei mittlerer Hitze 5 Minuten unter Rühren gleichmäßig anbräunen.

Paprikapulver und Kreuzkümmel untermischen, dann Kichererbsen, Linsen, Tomaten und Brühe zufügen und mit Salz und Pfeffer würzen. Die Hitze auf starke Stufe erhöhen und die Mischung einmal aufkochen. Die Pfanne vom Herd nehmen.

Die Hackfleischmasse in die Paprikahälften füllen. Die Form mit Alufolie abdecken und im vorgeheizten Ofen 50 Minuten garen, bis die Paprika weich und die Füllung durchgegart ist.

Die Alufolie abnehmen. Die Paprika mit je 1 Esslöffel Joghurt, falls verwendet, garnieren und mit den Kräutern bestreuen. Sofort servieren.

Burritos mit schwarzen Bohnen

Neue Power mit Gemüse

Zutaten für 8 Burritos

- 60 g rote Quinoa, abgespült
- 2 EL Pflanzenöl
- 1 rote Zwiebel, grob gehackt
- 1 frischer grüner Chili, entkernt und fein gehackt
- 1 kleine rote Paprika, gewürfelt
- 400 g schwarze Bohnen aus der Dose, abgespült und abgetropft
- Saft von 1 Limette
- 15 g frischer Koriander, grob gehackt
- 2 Tomaten
- Salz und Pfeffer
- 8 Mais-Tortillas, aufgewärmt
- 125 g mittelalter Gouda, geraspelt
- 85 g Romana-Salat, in Streifen

So geht's

Die Quinoa mit 150 ml Wasser und einer Prise Salz in einen Topf geben und zum Kochen bringen. Den Deckel aufsetzen und bei geringer Hitze 15 Minuten garen. Den Topf vom Herd nehmen und die Körner bei aufgelegtem Deckel 5 Minuten quellen lassen. Mit einer Gabel auflockern.

Das Öl in einer Pfanne erhitzen. Je die Hälfte von Zwiebel, Chili und roter Paprika darin bei mittlerer Hitze weich dünsten. Bohnen, Quinoa, die Hälfte des Limettensafts und des Korianders untermischen und 3–4 Minuten erhitzen. Mit Salz und Pfeffer abschmecken.

Die Tomaten halbieren und entkernen. Die Kerne unter die Bohnenmischung rühren. Dann das Tomatenfleisch fein hacken und in eine Schüssel geben. Restliche Zwiebel, Chili, Paprika, Limettensaft und Koriander untermischen. Mit Salz und Pfeffer abschmecken.

Je 5 Esslöffel Bohnenmischung auf den Tortillas verteilen. Tomatensalsa, Käse und Salat daraufgeben. Die Seiten einschlagen, die Burritos aufrollen und servieren.

Ofengemüse-Pizza

Neue Power mit Gemüse

Zutaten für 4 Portionen

- 1 Portion Pizzateig aus dem Kühlregal, plus Mehl zum Bestäuben
- 500 g Eiertomaten, halbiert
- 1 rote Zwiebel, in 8 Spalten geschnitten
- 1 Aubergine, halbiert und in Scheiben geschnitten
- 1 rote und 1 orange Paprika, geviertelt
- 2 kleine Zucchini, in Scheiben geschnitten
- 3 EL natives Olivenöl extra, plus etwas mehr zum Servieren
- 15 g Basilikumblätter, plus etwas mehr zum Garnieren
- 2 TL gereifter Balsamico-Essig
- 175 g Ziegenkäse, zerkrümelt
- grobes Meersalz und grob gemahlener schwarzer Pfeffer

So geht's

Den Backofen auf 200 °C Umluft vorheizen. Den Pizzateig aus dem Kühlschrank nehmen und die Arbeitsfläche mit Mehl bestäuben.

Tomaten und Zwiebelspalten nebeneinander auf ein Backblech legen. Auf einem zweiten Backblech Aubergine und Paprika mit den Schnittflächen nach unten nebeneinanderlegen. Auf ein drittes Blech die Zucchini legen. Alles mit dem Öl beträufeln und mit Salz und Pfeffer bestreuen. 15 Minuten backen, dann die Zucchini herausnehmen. Das restliche Gemüse 5 Minuten weiterbacken, dann herausnehmen. Die Paprika in Alufolie wickeln. Abkühlen lassen, dann in Streifen schneiden.

Die Tomaten nach Belieben schälen. Tomaten, Zwiebel und Basilikum hacken und mit dem Essig vermengen.

Zwei Backbleche mit Mehl bestäuben. Den Teig halbieren und je zu einem Oval von 30 cm x 15 cm ausrollen. Je ein Oval auf ein Backblech legen und die Tomatenmischung darauf verteilen, dann mit dem gerösteten Gemüse belegen. 15 Minuten gehen lassen.

Den Ziegenkäse auf den Pizzen verteilen, dann alles 10 Minuten backen. Der Teig sollte gar und der Käse geschmolzen sein. Mit etwas zusätzlichem Öl und Basilikum garnieren. Die Pizzen in Dreiecke schneiden und servieren.

Pastinaken-Tomaten-Gratin

Neue Power mit Gemüse

Zutaten für 4 Portionen

- 3 EL natives Olivenöl extra
- 600 g Pastinaken, längs in feine Scheiben geschnitten
- 1 TL frische Thymianblätter
- 300 g Schlagsahne
- 600 g Tomaten, in dünne Scheiben geschnitten
- 1 TL getrockneter Oregano
- 150 g Emmentaler, gerieben
- Meersalz und Pfeffer

So geht's

Den Backofen auf 180 °C vorheizen. Das Öl auf mittlerer Stufe in einer Pfanne erhitzen. Pastinaken und Thymian zugeben und mit Salz und Pfeffer würzen. Unter häufigem Rühren 6–8 Minuten braten. Gegebenenfalls die Pastinaken portionsweise braten.

Die Hälfte der Pastinakenmischung auf dem Boden einer Auflaufform verteilen. Die Hälfte der Schlagsahne daraufgeben, dann die Hälfte der Tomaten darüber verteilen. Mit Salz und Pfeffer und der Hälfte Oregano und Käse bestreuen. Dann restliche Pastinaken und Tomaten darauflegen, mit dem restlichen Oregano sowie mit Salz und Pfeffer bestreuen. Anschließend die restliche Sahne und den Käse darüber verteilen.

Mit Alufolie abdecken und 40 Minuten backen. Die Pastinaken sollten weich sein. Die Alufolie abnehmen und die Form noch einmal 5–10 Minuten zum Gratinieren in den Ofen geben. Sofort servieren.

Risotto Primavera

Neue Power mit Gemüse

Zutaten für 4 Portionen

- 1,2 l Gemüsebrühe
- 1 EL Olivenöl
- 1 große Porreestange, in feinen Ringen, weißer und grüner Teil getrennt
- 2 Knoblauchzehen, fein gehackt
- 250 g brauner Rundkornreis
- 150 g Baby-Karotten, längs halbiert
- 100 g grüner Spargel, geputzt
- 225 g Zucchini, gewürfelt
- 25 g Butter
- 70 g Parmesan, fein gerieben
- 60 g Mischung aus jungem Spinat, Brunnenkresse und Rucola

So geht's

Die Brühe in einem Topf zum Kochen bringen.

Inzwischen das Öl in einer großen Pfanne erhitzen. Weiße Porreeringe und Knoblauch bei mittlerer Hitze 3–4 Minuten weich dünsten, aber nicht bräunen.

Den Reis untermischen und 1 Minute dünsten. Mit der Hälfte der Brühe ablöschen und zum Kochen bringen. Bei aufgesetztem Deckel 15 Minuten köcheln lassen. Karotten und die Hälfte der restlichen Brühe zufügen. Den Deckel wieder aufsetzen und weitere 15 Minuten garen.

Die grünen Porreeringe, Spargel und Zucchini zum Reis geben und etwas Brühe zufügen. Den Deckel wieder aufsetzen und 5–6 Minuten garen, bis Gemüse und Reis bissfest gar sind.

Den Topf vom Herd nehmen. Butter und zwei Drittel des Parmesans unterziehen. Bei Bedarf die restliche Brühe unterrühren. Mit der Blattmischung bedecken und diese bei aufgesetztem Deckel 1–2 Minuten zusammenfallen lassen.

Das Risotto in vier Servierschalen anrichten. Mit dem restlichen Käse bestreuen und sofort servieren.

Zucchini-Spinat-Frittata

Neue Power mit Gemüse

Zutaten für 4 Portionen

- 250 g kleine neue Kartoffeln, ungeschält in Scheiben geschnitten
- 2 EL natives Olivenöl extra
- 4 Frühlingszwiebeln, in feine Ringe geschnitten
- 1 Zucchini, in feine Scheiben geschnitten
- 115 g junger Blattspinat, Stängel entfernt
- 1 große Prise scharfes geräuchertes Paprikapulver
- 6 Eier
- Meersalz und Pfeffer

So geht's

Die Kartoffelscheiben bissfest kochen und gut abtropfen lassen.

Inzwischen 1 Esslöffel Öl in eine ofenfeste Pfanne geben und auf mittlerer Stufe erhitzen. Frühlingszwiebeln, Zucchini und Kartoffeln zugeben und unter Rühren 5 Minuten braten, bis das Gemüse angebräunt ist.

Spinat und Paprikapulver zugeben und unter Rühren dünsten, bis die Spinatblätter zusammenfallen.

Den Backofengrill auf mittlerer Stufe vorheizen. Die Eier in einer Schüssel mit einer Gabel verquirlen. Mit Salz und Pfeffer würzen. Eventuell das restliche Öl in die Pfanne geben, dann die Eiermasse zugießen und 5–6 Minuten ohne Rühren stocken lassen. Die Unterseite der Frittata sollte goldbraun sein.

Die Pfanne mit der Frittata unter den Grill stellen und 3–4 Minuten bräunen. Die Frittata in Stücke schneiden und servieren.

Spinat-Feta-Tarte

Neue Power mit Gemüse

Zutaten für 6 Portionen

- 1 Portion Tarte- oder Mürbeteig aus dem Kühlregal, plus Mehl, zum Bestäuben
- 15 g Butter
- 3 Frühlingszwiebeln, in feine Ringe geschnitten
- 200 g junger Blattspinat
- 100 g Erbsen, gepalt
- 3 Eier
- 250 ml Milch
- 100 g Feta, fein zerkrümelt
- 115 g Cocktailtomaten
- Meersalz und Pfeffer

So geht's

Den Teig aus dem Kühlschrank nehmen und die Arbeitsfläche mit Mehl bestäuben. Den Teig nach Bedarf ausrollen und eine Springform mit 24 cm Ø damit auskleiden. Den Boden mehrfach mit einer Gabel einstechen. Die Springform mit dem Teig mit Frischhaltefolie abdecken und 30 Minuten im Kühlschrank ruhen lassen. Inzwischen den Backofen auf 190 °C vorheizen.

Für die Füllung die Butter in einer Pfanne bei mittlerer Hitze zerlassen. Die Frühlingszwiebeln darin 2–3 Minuten braten. Den Spinat zugeben und das Gemüse unter Rühren zusammenfallen lassen. Beiseitestellen.

Die Erbsen in kochendem Salzwasser 2 Minuten garen. Abtropfen lassen, dann in eiskaltem Wasser abschrecken. Eier, Milch, Salz und Pfeffer in einer Schüssel verquirlen.

Den Teig in der Springform 15 Minuten backen, bis der Boden schön knusprig ist. Die Frühlingszwiebel-Spinat-Mischung über den verquirlten Eiern ausdrücken, dann auf dem Teigboden verteilen. Die Erbsen daraufgeben und den Käse darüber verteilen. Eier und Milch nochmals verquirlen, dann über das Gemüse gießen und die Tarte mit den Tomaten belegen. 40–50 Minuten backen. Die Masse sollte gestockt und gebräunt sein. 20 Minuten abkühlen lassen, dann servieren.

Süßkartoffeln mit Füllung

Neue Power mit Gemüse

Zutaten für 4 Portionen

- 4 kleine Süßkartoffeln, abgebürstet
- 1 EL Olivenöl
- 1 kleine Zwiebel, gehackt
- 1 Knoblauchzehe, fein gehackt
- 1 TL gemahlener Koriander
- ½ TL gemahlener Kreuzkümmel
- 200 g Tomaten, geschält und gewürfelt
- 2 TL Tomatenmark
- 200 g Kichererbsen aus der Dose, abgetropft
- Meersalz und Pfeffer
- 4 EL frisch gehackter Koriander
- 115 g fettarmer Joghurt

So geht's

Den Backofen auf 190 °C vorheizen. Die Süßkartoffeln mit einer Gabel einstechen, auf ein Backblech legen und 45–50 Minuten im vorgeheizten Ofen backen, bis sie weich sind, wenn man dagegendrückt.

Inzwischen das Öl in einer Pfanne erhitzen und die Zwiebel darin bei mittlerer Hitze 4–5 Minuten dünsten, bis sie weich ist. Knoblauch, Koriander und Kreuzkümmel einrühren und 1 Minute weitergaren.

Tomaten, Tomatenmark und Kichererbsen einrühren und alles mit ein wenig Salz und Pfeffer bestreuen. Abdecken und 10 Minuten köcheln lassen. Dann vom Herd nehmen und beiseitestellen.

Die Süßkartoffeln auf einen Teller geben, jede der Länge nach fast ganz aufschneiden und etwas öffnen. Die Kichererbsen erneut erhitzen und über die Kartoffeln geben. Die Hälfte des frischen Korianders in den Joghurt rühren, diesen auf den Kichererbsen verteilen. Mit dem restlichen Koriander bestreuen und sofort servieren.

Champignonküchlein

Neue Power mit Gemüse

Zutaten für 6 Portionen

- 2 EL natives Olivenöl extra
- 2 Scheiben Frühstücksspeck, in Würfel geschnitten
- 115 g kleine Champignons, in Scheiben geschnitten
- 3 Eier
- 125 ml Milch
- 40 g Emmentaler, gerieben
- 1 EL Schnittlauchröllchen
- 200 g Cocktail-Strauchtomaten
- Meersalz und Pfeffer
- 6 Scheiben selbst gebackenes Vollkornbrot, zum Servieren

So geht's

Den Backofen auf 190 °C vorheizen. Eine 6er-Muffinform mit Papierförmchen auslegen. 1 Esslöffel Öl in einer kleinen Pfanne auf mittlerer Stufe erhitzen. Den Speck darin 2–3 Minuten anbräunen. Die Pilze zugeben und unter Rühren 2 Minuten mitbraten. Die Mischung auf die Muffinformen verteilen.

Die Eier mit Milch, Käse und Schnittlauch in einer Schüssel verquirlen und mit Salz und Pfeffer würzen. Die Masse auf die Muffinformen verteilen. In den Formen kurz rühren, damit sich Pilze und Speck gleichmäßig verteilen. Auf mittlerer Schiene 15 Minuten backen.

Die Tomaten auf einem Backblech mit dem restlichen Öl beträufeln und mit Salz und Pfeffer bestreuen. Für die letzten 10 Minuten Backzeit mit in den Ofen schieben. Das Brot toasten, dann jede Scheibe halbieren.

Die Küchlein aus den Formen nehmen, mit Toast und Tomaten auf Tellern anrichten und sofort servieren.

Wokgemüse mit Orangen

Neue Power mit Gemüse

Zutaten für 4 Portionen

- 2 EL Erdnussöl
- 500 g Karotten, geraspelt
- 225 g Porree, in Ringen
- 2 Orangen, geschält und in Spalten
- 2 EL Tomatenketchup
- 1 EL Rohrohrzucker
- 2 EL helle Sojasauce
- 80 g Erdnüsse, gehackt

So geht's

Einen großen Wok 30 Sekunden stark erhitzen. Das Öl hineingeben und 30 Sekunden erhitzen. Karotten und Porree darin 2–3 Minuten unter Rühren anbraten, bis das Gemüse weich wird. Die Orangenspalten zufügen und sanft erhitzen.

Ketchup, Zucker und Sojasauce in einer Schale verrühren. Zum Gemüse geben und 2 Minuten pfannenrühren.

Das Gemüse in vier vorgewärmte Servierschalen füllen. Mit den Erdnüssen bestreuen und sofort servieren.

Gemüse-Pilaw

Neue Power mit Gemüse

Zutaten für 4 Portionen

- 4 EL Rapsöl
- 1 rote Zwiebel, fein gehackt
- 2 junge Selleriestangen, längs geviertelt und gewürfelt
- 2 Karotten, geraspelt
- 1 frischer grüner Chili, entkernt und fein gehackt
- 3 Frühlingszwiebeln, fein gehackt
- 30 g Mandelstifte
- 320 g gekochter brauner Basmatireis
- 100 g gekochte rote Linsen
- 180 ml Gemüsebrühe
- 5 EL frisch gepresster Orangensaft
- Salz und Pfeffer

So geht's

2 Esslöffel Öl in einer hohen Pfanne mit Deckel erhitzen. Die Zwiebel darin bei mittlerer Hitze 5 Minuten weich dünsten.

Sellerie, Karotten, Chili, Frühlingszwiebeln und Mandeln zufügen und unter Rühren 2 Minuten anbraten, bis das Gemüse knackig gar ist. In eine Schüssel füllen.

Das restliche Öl in der Pfanne erhitzen. Reis und Linsen darin bei mittlerer Hitze unter Rühren 1–2 Minuten erhitzen. Die Hitze reduzieren und Brühe und Orangensaft zugießen. Mit Salz und Pfeffer würzen.

Das Gemüse wieder in die Pfanne geben und mit Reis und Linsen mischen, bis es wieder heiß ist. In eine vorgewärmte Servierschüssel füllen und sofort servieren.

Zucchini-Reibekuchen

Neue Power mit Gemüse

Zutaten für 4 Portionen

- 85 g braunes Reismehl
- 1 TL Backpulver
- 2 Eier, verquirlt
- 200 ml Milch
- 250 g Zucchini
- 2 EL frische Thymianblätter
- 2 EL natives Olivenöl extra
- Meersalz und Pfeffer

So geht's

Mehl und Backpulver in eine große Schüssel sieben. Die Kleie aus dem Sieb wieder ins Mehl geben. Eine Mulde in die Mitte des Mehls drücken. Die Eier in die Mulde füllen und mit einem Holzlöffel das Mehl von außen nach innen einarbeiten. Die Milch nach und nach unter Rühren zugießen, bis ein dicker Teig entsteht.

Inzwischen Küchenpapier auf einem Teller auslegen und die Zucchini daraufreiben, sodass das austretende Wasser aufgesogen wird. Die Zucchiniraspel trocken tupfen und mit dem Thymian zum Teig geben. Mit Salz und Pfeffer würzen und alles gut verrühren.

Das Öl in einer Pfanne auf mittlerer Stufe erhitzen. Den Teig mit dem Esslöffel portionsweise in die Pfanne geben, zwischen den einzelnen Portionen etwas Platz lassen. Die Küchlein jeweils 3–4 Minuten von beiden Seiten bräunen.

Ein Backblech mit Küchenpapier auslegen. Die Reibekuchen mit einem Schaumlöffel aus der Pfanne heben und auf dem Papier abtropfen lassen. Die abgetropften Küchlein vom Papier nehmen und warm stellen. Pro Person fünf Reibekuchen servieren.

Pilz-Tofu-Laksa

Neue Power mit Gemüse

Zutaten für 4 Portionen

- 850 ml Gemüsebrühe
- 400 g Kokosmilch
- 250 g Shiitake-Pilze, die Stiele entfernt, in feine Streifen geschnitten
- 150 g fester Tofu, gewürfelt
- 2 EL Tomatenmark
- 175 g feine Eiernudeln
- Salz und Pfeffer

Zum Garnieren

- 8 Frühlingszwiebeln, in Ringe geschnitten
- 4 EL zerpflückte Minzeblätter

Gewürzpaste

- 2 rote Chilis, entkernt und gehackt
- 4-cm-Stück Ingwer, gehackt
- 2 große Knoblauchzehen, gehackt
- 2 Stängel Zitronengras, die harten äußeren Schichten entfernt, gehackt
- 1 TL Koriandersamen, zerstoßen
- 6 Macadamianüsse, gehackt
- 1 kleine Handvoll Korianderblätter
- 3 EL Pflanzenöl

So geht's

Alle Zutaten für die Gewürzpaste in eine Küchenmaschine oder einen Mixer geben und glatt pürieren.

Einen Wok auf mittlerer bis hoher Stufe erhitzen, die Gewürzpaste hineingeben und 30 Sekunden unter Rühren anbraten. Brühe und Kokosmilch zugießen und alles zum Kochen bringen. Pilze, Tofu und Tomatenmark zufügen und mit Salz und Pfeffer würzen. 5 Minuten leise köcheln lassen.

Die Nudeln nach Packungsangabe kochen.

Die Nudeln auf vorgewärmte Suppenschüsseln verteilen und die scharfe Mischung aus dem Wok darübergießen. Mit Frühlingszwiebeln und Minzeblättern garnieren und sofort servieren.

Gesunder Fleischgenuss

Schweinefilet in Pflaumensauce

Gesunder Fleischgenuss

Zutaten für 4 Portionen

- 600 g Schweinefilet
- 2 EL Erdnussöl
- 1 orange Paprika, in Streifen geschnitten
- 1 Bund Frühlingszwiebeln, in Ringe geschnitten
- 250 g Austernpilze, in Scheiben geschnitten
- 300 g frische Bohnensprossen
- 2 EL trockener Sherry
- 150 ml Pflaumensauce
- 250 g mittelfeine Eiernudeln
- Salz und Pfeffer
- frisch gehackter Koriander, zum Garnieren

So geht's

Das Fleisch in lange, dünne Streifen schneiden. Einen Wok auf mittlerer bis hoher Stufe erhitzen, dann das Öl hineingeben. Das Fleisch zufügen und 2–3 Minuten unter Rühren braten.

Die Paprikastreifen zufügen und 2 Minuten unter Rühren weiterbraten, dann Frühlingszwiebeln, Pilze und Bohnensprossen zugeben.

2–3 Minuten unter Rühren weiterbraten, Sherry und Pflaumensauce zugießen, die Hitze erhöhen und alles zum Kochen bringen. Kräftig salzen und pfeffern.

Inzwischen die Nudeln nach Packungsangabe kochen. Abtropfen lassen, in den Wok geben und alles gut mischen. Sofort mit dem frischen Koriander garniert servieren.

Schweinefilet mit Grünkohlsalat

Gesunder Fleischgenuss

Zutaten für 4 Portionen

- 150 g Zartweizen
- 25 g frische glatte Petersilie, grob gehackt
- 55 g Grünkohl, in feinen Streifen
- Fruchtkerne von 1 Granatapfel
- 1 EL Olivenöl
- 500 g Schweinemedaillons, pariert
- 2 Knoblauchzehen, fein gehackt
- Salz und Pfeffer

Dressing

- 50 g Walnusskerne, grob gehackt
- 3 EL natives Olivenöl extra
- 3 TL Granatapfelsirup
- Saft von 1 Zitrone

So geht's

Wasser in einem Topf aufkochen. Den Weizen darin 25–30 Minuten gar kochen. Abtropfen lassen.

Inzwischen für das Dressing die Walnüsse in einer Pfanne 2–3 Minuten trocken rösten, bis sie zu bräunen beginnen. Olivenöl, Granatapfelsirup und Zitronensaft in einer Schale mit einer Gabel verquirlen. Mit Salz und Pfeffer abschmecken, dann die heißen Walnüsse untermischen.

Petersilie, Grünkohl und Granatapfelkerne in einer Schüssel vermengen.

Das Olivenöl in einer Pfanne erhitzen. Medaillons und Knoblauch hineingeben. Mit Salz und Pfeffer würzen und von jeder Seite 5 Minuten braten, bis die Medaillons durchgegart sind. Zum Test ein Medaillon halb einschneiden; wenn der austretende Saft klar ist, ist das Fleisch fertig. Die Medaillons in Streifen schneiden.

Den Weizen unter die Grünkohlmischung heben. Auf einer Servierplatte anrichten und mit dem Dressing beträufeln. Die Fleischstreifen darauf verteilen und sofort servieren.

Schweinefleisch mit Orange

Gesunder Fleischgenuss

Zutaten für 6–8 Portionen

- 900 g Schweineschulter, in Würfeln
- 3 EL Olivenöl
- 500 g Knollensellerie, in 5-cm-Stiften
- 2 kleine Porreestangen, in 5-cm-Streifen
- 3 Karotten, in 5-cm-Stiften
- 200 ml Hühnerbrühe
- gekochter Reis, zum Servieren

Marinade

- fein abgeriebene Schale und Saft von 1 Bio-Orange
- 1–2 ganze Sternanise
- 2 EL dunkle Sojasauce
- 1 EL Honig
- 2,5-cm-Stück frischer Ingwer, gerieben
- 3 Knoblauchzehen, fein gehackt
- 2 TL chinesische Chili-Bohnen-Sauce

So geht's

Das Fleisch in eine große Schüssel geben. Die Zutaten der Marinade zugeben, umrühren, abdecken und 3 Stunden kühl stellen. Den Backofen auf 120 °C vorheizen. Das Fleisch aus der Marinade heben und auf einen Teller legen. Die Marinade durch ein Sieb gießen, um Orangenschale und Sternanise zu entfernen, die Marinade dabei auffangen.

In einer großen Pfanne 1 Esslöffel Öl erhitzen und die Hälfte vom Fleisch hineingeben. 2 Minuten braten, dann die Stücke wenden und 2 Minuten weiterbraten.

Das Fleisch mit dem Sud in einen Bräter geben. Noch 1 Esslöffel Öl und das restliche Fleisch in die Pfanne geben, wie die erste Portion braten und in den Bräter geben.

Das restliche Öl in die Pfanne geben, Sellerie, Porree und Karotten zufügen und unter gelegentlichem Rühren dünsten, bis der Porree weich ist. Das Gemüse zum Fleisch in den Bräter geben, die restliche Marinade über das Gemüse gießen und die Brühe zufügen. Abdecken und 1 Stunde im vorgeheizten Ofen garen.

Fleisch und Gemüse durchrühren, abdecken und 1 Stunde im Ofen weitergaren. Mit gekochtem Reis servieren.

Schweinefilet in Ramen-Suppe

Gesunder Fleischgenuss

Zutaten für 4 Portionen

- 1 EL frisch geriebener Ingwer
- 2 EL flüssiger Honig
- 2 EL Sojasauce
- 2 EL Mirin
- 1 TL Sesamöl, plus etwas Öl zum Braten
- 1 TL Fünf-Gewürze-Pulver
- 1 Schweinefilet (675 g)
- Bohnensprossen, Erbsensprossen und gekochte Eier zum Garnieren

Suppe

- 1 EL Pflanzenöl
- 1 Zwiebel, gewürfelt
- 3 Knoblauchzehen, fein gehackt
- 1 EL geriebener Ingwer
- 1,5 l Hühnerbrühe
- 250 g frische Shiitake-Pilze, klein geschnitten
- ½ TL Steinsalz
- 4 TL salzarme Sojasauce
- 1 EL chinesischer Reiswein
- 1 TL Sesamöl
- 500 g Ramen-Nudeln
- 4 TL Misopaste

So geht's

Für die Marinade Ingwer, Honig, Sojasauce, Mirin, Sesamöl und Fünf-Gewürze-Pulver in einer großen Schüssel verrühren. Das Fleisch darin wenden. Abgedeckt über Nacht im Kühlschrank marinieren.

Für die Suppe das Öl in einem großen Topf erhitzen. Zwiebel, Knoblauch und Ingwer unter Rühren 5 Minuten dünsten. Brühe, Pilze, Salz, Sojasauce, Wein und Sesamöl zufügen und aufkochen. Bei geringer Hitze ohne Deckel 30 Minuten köcheln.

Den Backofen auf 190 °C vorheizen. Öl in einer Pfanne auf hoher Stufe erhitzen. Das Filet darin rundum kräftig anbraten. Das Fleisch auf ein Backblech legen und 15–20 Minuten im Ofen backen, bis ein Fleischthermometer im dicksten Teil des Filets 63–68 °C anzeigt. Aus dem Ofen nehmen, locker mit Alufolie abdecken und 5 Minuten ruhen lassen.

Die Suppe wieder zum Kochen bringen und die Nudeln darin 3 Minuten garen. Die Misopaste einrühren, bis sie vollständig aufgelöst ist.

Das Fleisch in dünne Scheiben schneiden. Die Suppe in Schüsseln geben, pro Portion mehrere Fleischscheiben darauflegen, mit Bohnensprossen, Erbsensprossen und hart gekochten Eiern anrichten und sofort servieren.

Rindersteak auf Wokgemüse

Gesunder Fleischgenuss

Zutaten für 2 Portionen

- 2 TL Olivenöl
- 140 g Rindersteak, pariert, in feinen Streifen
- 1 orange Paprika, in feinen Streifen
- 4 Frühlingszwiebeln, fein gehackt
- 1–2 frische Jalapeño-Chilis, entkernt und in feinen Streifen
- 2 Knoblauchzehen, fein gehackt
- 115 g Zuckererbsen, schräg halbiert
- 115 g große Champignons, in Scheiben
- 2 TL Hoisin-Sauce
- 1 EL Orangensaft
- 85 g Rucola oder Brunnenkresse
- 4 EL süße Chilisauce, zum Servieren (nach Belieben)

So geht's

Das Öl 30 Sekunden in einem Wok erhitzen. Das Rindfleisch darin bei mittlerer bis starker Hitze 1 Minute unter Rühren anbräunen. Mit einem Schaumlöffel auf einen Teller heben.

Paprika, Frühlingszwiebeln, Chilis und Knoblauch in den Wok geben und 2 Minuten pfannenrühren. Zuckererbsen und Pilze zufügen und ebenfalls 2 Minuten mitbraten.

Das Fleisch wieder in den Wok geben. Hoisin-Sauce und Orangensaft zugießen und 2–3 Minuten pfannenrühren, bis das Fleisch gegart und das Gemüse knackig gar ist. Den Rucola untermischen und zusammenfallen lassen. Sofort, nach Belieben mit Chilisauce, servieren.

Yams-Rindfleisch-Topf

Gesunder Fleischgenuss

Zutaten für 4–6 Portionen

- 800 g Rinderschmorfleisch, in 2,5 cm dicken Würfeln
- 2 Zwiebeln, grob gehackt
- 200 g Yamswurzel, gewürfelt
- 200 g kleine Kartoffeln, abgebürstet und halbiert
- 400 g Kichererbsen aus der Dose, abgespült und abgetropft
- 400 g gehackte Tomaten aus der Dose
- Meersalz und Pfeffer

Marinade

- 2 EL natives Olivenöl extra
- 2 EL frisch gehackter Koriander
- 2 Zimtstangen
- 1 EL flüssiger Honig
- 1 TL Paprikapulver
- 1 TL Kreuzkümmelpulver
- 1 TL Harissa

Couscous

- 200 g Vollkorn-Couscous
- 1 EL grob gehackte glatte Petersilie
- 6 Frühlingszwiebeln, in feine Ringe geschnitten
- Saft von 1 Zitrone
- 2 EL natives Olivenöl extra

So geht's

Das Rindfleisch in eine große Schüssel geben. Die Zutaten für die Marinade und 1 Teelöffel Salz darübergeben und alles gut vermengen. Die Schüssel abdecken und 6 Stunden oder über Nacht in den Kühlschrank stellen.

Den Backofen auf 190 °C vorheizen. Fleisch und Marinade in einen ofenfesten Topf geben und Zwiebeln, Yamswurzel, Kartoffeln und Kichererbsen zufügen. Tomaten und 200 ml Wasser darübergießen und gut unterrühren. 1 Stunde im Ofen garen.

Gründlich umrühren und abschmecken. Falls die Flüssigkeit fast komplett verkocht ist, mehr Wasser für die Sauce zugeben. Noch einmal 30 Minuten im Ofen garen; das Fleisch sollte zart sein.

Inzwischen einen Topf zur Hälfte mit Wasser füllen und das Wasser zum Kochen bringen. Den Couscous nach Packungsangabe garen. Abgießen und gut abtropfen lassen. In eine Schüssel geben. Petersilie und Frühlingszwiebeln unterrühren und mit Zitronensaft und Öl beträufeln.

Die Zimtstangen entfernen und den Eintopf mit Couscous servieren.

Steak-Sandwich mit Röstzwiebeln

Gesunder Fleischgenuss

Zutaten für 4 Portionen

- 2 Rumpsteaks (à 250 g)
- 3 EL Olivenöl, plus etwas mehr zum Bestreichen und Beträufeln
- 2 rote Zwiebeln, in dicke Ringe geschnitten
- 2 TL Zucker
- 2 TL Balsamico
- 8 Scheiben Sauerteigbrot
- 1 Fleischtomate, in Scheiben geschnitten
- 50 g Rucola
- Salz und Pfeffer

So geht's

Den Backofen auf 190 °C vorheizen.

Die Steaks leicht mit Öl bestreichen, mit Salz und Pfeffer bestreuen und zur Seite stellen.

Die Zwiebelringe in einer großen Schüssel mit 3 Esslöffeln Öl und Zucker vermengen und mit Salz und Pfeffer würzen. Auf einem Backblech im vorgeheizten Backofen 20–25 Minuten rösten und alle 10 Minuten wenden, bis sie braun werden. Mit Balsamico beträufeln, wenden und weitere 5–8 Minuten rösten, bis die Zwiebelringe braun und klebrig sind. In eine Schüssel füllen.

Eine Grillpfanne auf mittlerer bis hoher Stufe erhitzen. Die Steaks hineingeben und 3–3½ Minuten von jeder Seite anbraten. Das Fleisch auf ein Schneidebrett legen und 5 Minuten ruhen lassen.

Die Brotscheiben toasten. Vier Brotscheiben mit Tomatenscheiben und Rucola belegen. Mit Olivenöl beträufeln, dann salzen und pfeffern.

Jedes Steak diagonal in 2 cm breite Streifen schneiden. Auf den Rucola legen und die Röstzwiebeln darauf verteilen (übrig gebliebene Röstzwiebeln halten luftdicht verpackt bis zu 1 Monat im Kühlschrank). Die restlichen Brotscheiben darauflegen und sofort servieren.

Steak mit Soba-Nudelsalat

Gesunder Fleischgenuss

Zutaten für 4 Portionen

- 2 EL Sojasauce
- 1 EL chinesischer Reiswein
- 2 Knoblauchzehen, fein gehackt
- 2 TL Rohrzucker
- 2 EL Olivenöl
- 1 Lendensteak (450 g)
- 40 g geröstete Sesamsaat, zum Garnieren

Dressing

- Saft von 1 Limette
- 2 EL helle Misopaste
- 1 EL salzarme Sojasauce
- 1 EL Reisessig
- 4 EL Pflanzenöl
- 1 EL Sesamöl

Salat

- 350 g Soba-Nudeln
- ½ große Salatgurke
- 100 g Rucola
- 10 g frisch gehackter Koriander
- 3 Frühlingszwiebeln, in dünne Ringe geschnitten

So geht's

Sojasauce, Wein, Knoblauch, Zucker und Olivenöl verrühren. Das Steak darin wenden und über Nacht im Kühlschrank marinieren.

Den Backofengrill vorheizen. Das Steak aus der Marinade nehmen (Marinade wegschütten) und 4–5 Minuten von jeder Seite grillen, wenn es medium sein soll, bzw. einige Minuten länger, wenn es gut durch sein soll. Aus dem Ofen nehmen, locker mit Alufolie abdecken und mindestens 5 Minuten ruhen lassen. In 5 mm dicke Scheiben schneiden.

Für das Dressing Limettensaft, Misopaste, Sojasauce und Reisessig in einer kleinen Schüssel verquirlen. Pflanzenöl und Sesamöl zufügen und mit dem Schneebesen unterrühren.

Für den Salat die Nudeln nach Packungsangabe kochen, abtropfen und abkühlen lassen. Die Gurke schälen und längs halbieren, die Kerne entfernen, dann in dünne Scheiben schneiden. Mit den restlichen Salatzutaten in eine Schüssel geben, etwas Dressing darübergießen und alles gut vermengen.

Den Salat mit mehreren Steakscheiben auf Serviertellern anrichten. Etwas Dressing darüberträufeln und mit Sesamsaat garnieren.

Sichuan-Rindfleischsalat

Gesunder Fleischgenuss

Zutaten für 4 Portionen

- 350 g Rumpsteak
- 90 g Eiernudeln
- 1 kleine rote Zwiebel, halbiert und in dünne Scheiben geschnitten
- 6 Radieschen, in Scheiben geschnitten
- 4 reichliche Handvoll pfeffriger Schnittsalat
- 1½ EL Erdnussöl
- 1 TL Sichuanpfeffer-körner, zerstoßen
- 2,5-cm-Stück Ingwer, gerieben

Marinade

- 4 TL chinesischer Reiswein oder trockener Sherry
- ½ EL Sojasauce
- 4 TL Zucker
- 2 EL Hoisin-Sauce

Dressing

- 2 TL Sichuanpfefferkörner, zerstoßen
- 1½ EL helle Sojasauce
- 1½ EL Reisessig
- 2 EL Sesamöl

So geht's

Eventuelle Fettränder vom Steak abschneiden. Das Fleisch in dünne Scheiben schneiden und in eine flache Schüssel legen. Die Zutaten für die Marinade vermischen und über das Fleisch gießen. Mindestens 30 Minuten marinieren.

Die Nudeln nach Packungsangabe kochen. Abtropfen und abkühlen lassen und mit der Schere in kürzere Stücke schneiden. Die Zutaten für das Dressing mit dem Schneebesen gut verrühren. Nudeln, Zwiebel, Radieschen und Schnittsalat in einer großen Schüssel mischen. Das Dressing erneut durchrühren und zwei Drittel über den Salat gießen. Alles wenden, bis die Nudeln gleichmäßig untergemischt sind, dann auf einzelne Servierteller verteilen.

Einen Wok auf mittlerer bis hoher Stufe erhitzen, dann Erdnussöl und Sichuanpfeffer hineingeben. Einige Sekunden rühren, um das Öl zu aromatisieren. Das Fleisch mit der Marinade dazugeben und 4–5 Minuten unter Rühren braten, bis das Fleisch braun ist. Mit einem Schaumlöffel herausnehmen und auf dem Salat verteilen. Mit dem restlichen Dressing übergießen und sofort servieren.

Frühlingslamm mit Rüben

Gesunder Fleischgenuss

Zutaten für 4–6 Portionen

- 40 g Butter
- 2 EL Sonnenblumenöl, plus etwas mehr bei Bedarf
- 900 g Lammschulter, pariert und in große Stücke geschnitten, Knochen beiseitegelegt
- 2 Schalotten, fein gehackt
- 1 EL Zucker
- 1 l Lammbrühe
- 2 EL Tomatenmark
- 1 Bouquet garni mit Petersilie, Thymian, Lorbeer, Rosmarin
- 8 neue Kartoffeln, abgebürstet, große Exemplare halbiert
- 4 weiße Rüben, geviertelt
- 12 Baby-Karotten, abgebürstet und in Stücke geschnitten
- 140 g Erbsen, Tiefkühlware aufgetaut
- Salz und Pfeffer
- frisch gehackte glatte Petersilie, zum Garnieren
- Baguette, zum Servieren

So geht's

30 g Butter mit dem Öl in einer großen Pfanne bei mittlerer Hitze zerlassen. Das Fleisch portionsweise unter Rühren anbraten, bis es von allen Seiten Farbe angenommen hat. Eventuell mehr Öl zugießen. Das Fleisch in einen großen Bräter umfüllen.

Die restliche Butter in die Pfanne geben und zerlassen. Die Schalotten hineingeben und 3 Minuten dünsten, bis sie weich werden. Mit dem Zucker bestreuen, die Hitze erhöhen und weiterrühren, damit die Schalotten karamellisieren. Darauf achten, dass sie nicht anbrennen. In den Bräter umfüllen, dabei angebrannte Stücke entfernen. Die Hälfte der Brühe in die Pfanne geben, aufkochen, um den Bratensatz zu lösen, und in den Bräter gießen.

Restliche Brühe, Tomatenmark, Bouquet garni und Knochen, falls vorhanden, in den Bräter geben. Mit Salz und Pfeffer würzen. Abdecken und zum Kochen bringen. Die Hitze reduzieren und 45 Minuten köcheln.

Kartoffeln, weiße Rüben und Karotten zugeben und 15 Minuten weiterköcheln. Die Erbsen zugeben, den Deckel abnehmen und weitere 5–10 Minuten köcheln, bis das Gemüse gar ist. Knochen, wenn vorhanden, und Bouquet garni entsorgen. Mit Salz und Pfeffer abschmecken. Mit der Petersilie garnieren und mit dem Baguette servieren.

Lammfleischbällchen

Gesunder Fleischgenuss

Zutaten für 4 Portionen

- Kochspray, zum Einfetten
- 450 g frisches Lammhackfleisch
- 1 Schalotte, fein gehackt
- 2 Knoblauchzehen, fein gehackt
- je 1 EL frisch gehackte Minze- und Korianderblätter
- 2 Chilis, entkernt und gehackt
- 1 EL thailändische Fischsauce
- 75 g Panko-Mehl
- 1 Ei
- 350 g Soba-Nudeln
- 35 g ohne Öl geröstete Erdnüsse, gehackt, zum Garnieren

Pesto

- 2 Chilis
- 2,5-cm-Stück Ingwer
- 4 Knoblauchzehen
- 50 g frische Minzeblätter
- 10 g frische Basilikumblätter
- Saft von 1 Limette
- 1 EL thailändische Fischsauce
- 1 EL Zucker
- 3 EL Pflanzenöl

So geht's

Den Backofen auf 200 °C vorheizen. Ein großes Backblech mit Backpapier auslegen und mit Kochspray einsprühen.

Für die Fleischbällchen Hackfleisch, Schalotte, Knoblauch, Minze, Koriander, Chilis, Fischsauce, Panko-Mehl und Ei gut vermengen. Aus der Masse Kugeln von 4 cm Ø formen und auf das vorbereitete Backblech legen. Von oben leicht mit Kochspray besprühen und im vorgeheizten Ofen 15 Minuten braten.

Inzwischen den Pesto zubereiten. Die Chilis halbieren, entkernen und den Ingwer schälen und hacken. Mit dem Knoblauch in eine Küchenmaschine geben und alles fein zerkleinern. Minze, Basilikum, Limettensaft, Fischsauce, Zucker und Öl zufügen und alles glatt pürieren.

Die Nudeln nach Packungsangabe kochen. Abtropfen lassen und in einer großen Schüssel mit dem Pesto mischen. Die Fleischbällchen darauf anrichten, mit Erdnüssen garnieren und sofort servieren.

Lamm-Kürbis-Curry

Gesunder Fleischgenuss

Zutaten für 4 Portionen

- 2 EL Pflanzenöl
- 2 Schalotten, in dünne Ringe geschnitten
- 450 g Lammschulter, in 2,5 cm dicke Würfel geschnitten
- 1–2 TL thailändische rote Currypaste
- 400 ml Kokosmilch aus der Dose
- 250 ml Gemüse-, Rinder- oder Hühnerbrühe
- 3 EL thailändische Fischsauce
- 2 EL Rohrzucker
- 3 Stängel Zitronengras, in 7,5 cm lange Stücke geschnitten und angedrückt
- 3 Kaffir-Limettenblätter, in schmale Streifen geschnitten
- 260 g Garten- oder Flaschenkürbis, geschält und in 2,5 cm dicke Würfel geschnitten
- 350 g Udon-Nudeln
- Saft von 1 Limette
- 10 g frisch gehackter Koriander, zum Garnieren

So geht's

Das Öl in einer großen, tiefen Pfanne auf mittlerer bis hoher Stufe erhitzen. Die Schalotten hineingeben und unter häufigem Rühren 5 Minuten braten, bis sie weich sind. Das Fleisch zufügen und unter häufigem Rühren von allen Seiten anbräunen. Die Currypaste und 2 Esslöffel der dicken Creme vom oberen Rand der Kokosmilchdose unterrühren. 1 Minute weitergaren. Restliche Kokosmilch, Brühe, Fischsauce, Zucker, Zitronengras und Limettenblätter zufügen. Alles zum Kochen bringen und den Kürbis zugeben. Auf schwache bis mittlere Hitze reduzieren, den Deckel aufsetzen und 15–20 Minuten köcheln lassen, bis Kürbis und Fleisch weich sind.

Inzwischen die Nudeln nach Packungsangabe kochen, abtropfen lassen und beiseitestellen.

Wenn der Kürbis weich ist, die abgetropften Nudeln in die Pfanne geben und 2–3 Minuten heiß werden lassen. Den Limettensaft unterrühren und das Curry mit Koriander garniert sofort servieren.

Hähnchenrollen mit Mangold

Gesunder Fleischgenuss

Zutaten für 2 Portionen

- 8 Blätter Regenbogen-mangold (die Blätter sollten etwas größer als die Hähnchenbrust-scheiben sein)
- 1 Avocado, halbiert
- Saft von 1 Zitrone
- 8 Scheiben Hähnchen-brustaufschnitt
- 150 g Hummus
- 2 Frühlingszwiebeln, geputzt und in feine Streifen geschnitten
- 1 Karotte, in Stifte geschnitten
- 100 g Zucchini, in Stifte geschnitten

So geht's

Die Stiele von den Mangoldblättern abschneiden, in feine Stifte schneiden und beiseitelegen. Die Avocado schälen und in lange, dünne Streifen schneiden. Dann den Zitronensaft darüberträufeln und die Streifen dann beiseitestellen.

Die Mangoldblätter mit der glänzenden Seite nach unten auf ein Schneidebrett legen. Jedes Blatt mit einer Hähnchenscheibe belegen und darauf etwas Hummus verstreichen.

Mangoldstiele, Frühlingszwiebeln, Karotte und Zucchini auf die Mangoldblätter verteilen, dabei die Zutaten in der Mitte aufhäufen.

Mit den Avocadoscheiben belegen, dann die Blätter vom Stielansatz bis zur Spitze aufrollen. Mit den Nahtstellen auf das Schneidebrett legen.

Jede Rolle in dicke Scheiben schneiden und auf Serviertellern anrichten. Oder jede Rolle in Frischhaltefolie wickeln und 1 Stunde in den Kühlschrank legen. Möglichst nicht länger aufbewahren, da sich die Avocadoscheiben verfärben.

Jerk-Hähnchen mit Salsa

Gesunder Fleischgenuss

Zutaten für 4 Portionen

- 1 kg kleine Hähnchenunterkeulen ohne Haut
- 1 EL Olivenöl
- 1 Romana-Salat, zerteilt (nach Belieben)
- 85 g junger Spinat (nach Belieben)

Gewürzmischung

- 1 TL zerstoßene Pimentkörner
- 1 TL zerstoßene Koriandersamen
- 1 TL Paprikapulver edelsüß
- ¼ TL frisch geriebene Muskatnuss
- 1 EL frische Thymianblätter
- 1 EL grob zerstoßene schwarze Pfefferkörner
- 1 Prise Salz

Salsa

- 1 Papaya, halbiert, entkernt, geschält und gewürfelt
- 2 große Avocados, gewürfelt
- abgeriebene Schale und Saft von 1 Bio-Limette
- ½ frischer roter Chili, entkernt und fein gehackt
- ½ rote Zwiebel, fein gehackt
- 15 g frischer Koriander, fein gehackt
- 2 TL Chiasamen

So geht's

Den Backofen auf 200 °C vorheizen. Für die Gewürzmischung alle Zutaten in einer Schale vermengen.

Die Hähnchenkeulen zwei- bis dreimal einschneiden. In eine Bratform geben, mit dem Öl beträufeln und mit der Gewürzmischung einreiben. Die Hähnchenkeulen im vorgeheizten Ofen 30–35 Minuten knusprig braun braten. Zur Probe das Fleisch einstechen; wenn der austretende Saft klar ist, ist das Fleisch durchgegart.

Inzwischen für die Salsa Papaya und Avocados in einer Schale vermengen. Limettenschale und -saft, Chili, Zwiebel, Koriander und Chiasamen untermischen. Salat und Spinat, falls verwendet, mischen. Zu den Keulen und der Salsa reichen.

Putenschnitzel mit Ofengemüse

Gesunder Fleischgenuss

Zutaten für 4 Portionen

- 3 EL Olivenöl
- 500 g Kürbis, entkernt, geschält und in großen Würfeln
- 400 g Süßkartoffeln, in großen Würfeln
- 200 g Baby-Karotten, größere Exemplare längs halbiert
- 1 kleiner Blumenkohl, in großen Röschen
- 450 g Putenschnitzel (1,5 cm dick)
- Salz und Pfeffer

Gewürzmischung

- 2 EL Sesamsaat
- 2 EL Sonnenblumenkerne
- 2 TL Paprikapulver edelsüß
- 1 TL zerstoßene Koriandersamen
- 1 TL zerstoßene Fenchelsamen
- 1 TL zerstoßene Kreuzkümmelsamen

So geht's

Den Backofen auf 200 °C vorheizen. Das Öl in eine große Bratform geben und im Ofen 5 Minuten erhitzen.

Inzwischen für die Gewürzmischung alle Zutaten in einer Schale mischen. Mit Salz und Pfeffer würzen.

Kürbis, Süßkartoffeln und Karotten in die Bratform geben und im heißen Öl wenden, dann 15 Minuten im Ofen garen. Den Blumenkohl untermischen, sodass das ganze Gemüse wieder mit Öl überzogen ist. Dann das Gemüse an die Formränder schieben und die Putenschnitzel nebeneinander in die Mitte legen.

Fleisch und Gemüse gleichmäßig mit der Gewürzmischung bestreuen und im Ofen 20–25 Minuten garen, bis das Gemüse weich und das Fleisch goldbraun und durchgegart ist. Zur Probe das Fleisch einstechen; der austretende Saft sollte klar sein.

Putenschnitzel und Gemüse auf vier Tellern anrichten und heiß servieren.

Putenbällchen mit Edamame

Gesunder Fleischgenuss

Zutaten für 4 Portionen

- 250 g brauner Rundkornreis
- 1 kleine Zwiebel, gehackt
- 1 Scheibe Vollkornbrot, zerteilt
- 2 Knoblauchzehen, in feinen Scheiben
- 500 g gehackte Putenbrust
- fein abgeriebene Schale von 1 Bio-Zitrone
- Salz und Pfeffer
- 1 EL Olivenöl
- 350 ml Hühnerbrühe
- 175 g Edamame, Tiefkühlware aufgetaut
- 115 g Erbsen
- 2 Eigelb
- je 15 g Petersilie und Minze, grob gehackt

So geht's

Den Reis in einem großen Topf mit leicht gesalzenem Wasser 30 Minuten gar kochen, dann gut abtropfen lassen.

Inzwischen Zwiebel, Brot und Knoblauch im Mixer fein hacken. Gehacktes Putenfleisch und Zitronenschale zufügen. Mit Salz und Pfeffer würzen und alles kurz durchmixen. Die Masse in 20 Portionen teilen und diese mit befeuchteten Händen zu Kugeln formen.

Das Öl in einer großen Pfanne mit Deckel erhitzen. Die Fleischbällchen darin bei mittlerer Hitze 15 Minuten rundum goldbraun braten.

Mit der Brühe ablöschen und mit Deckel 5 Minuten garen. Edamame und Erbsen zufügen, den Deckel wieder aufsetzen und weitere 5 Minuten dünsten, bis Gemüse und Fleischbällchen gar sind. Zur Probe die Fleischbällchen einstechen; der austretende Fleischsaft sollte klar sein. Die Pfanne vom Herd nehmen und die Garflüssigkeit in einen Messbecher füllen.

Inzwischen das Eigelb in einer Schüssel verquirlen und mit Salz und Pfeffer würzen. Nach und nach die Garflüssigkeit unterrühren. Dann die Mischung zurück in die Pfanne gießen und bei niedriger Hitze 3–4 Minuten unter ständigem Rühren eindicken. Darauf achten, dass die Sauce nicht zu heiß wird, sonst stocken die Eier.

Die Kräuter unterheben. Den Reis in vier flache Schalen füllen und die Fleischbällchen mit der Sauce darauf anrichten. Sofort servieren.

Putenkroketten mit Kruste

Gesunder Fleischgenuss

Zutaten für 4 Portionen

- 4 Frühlingszwiebeln, in je 4 Stücke geschnitten
- 1 kleine rote Paprika, in Stücke geschnitten
- 1 Karotte, grob gerieben
- 2 TL frische Thymianblätter
- 500 g frisches Putenhackfleisch
- 1 TL Paprikapulver edelsüß
- 1 kleiner getrockneter Chipotle-Chili, fein gehackt
- Meersalz und Pfeffer
- 1 Ei
- 25 g frisch geriebener Parmesan
- 55 g gelbe Leinsamen, fein gemahlen
- Olivenöl, zum Bestreichen

Avocado-Dip

- 1 große reife Avocado, halbiert
- abgeriebene Schale und Saft von 1 Bio-Limette
- 2 EL fettarmer Joghurt

So geht's

Den Backofen auf 200 °C vorheizen. Ein Backblech mit Backpapier belegen. Frühlingszwiebeln und Paprika in einer Küchenmaschine fein hacken. Karotte, Thymian und Putenfleisch zugeben, dann Paprikapulver, Chili und Salz und Pfeffer darüberstreuen. Mixen, bis alles gut vermischt ist.

Mit einem Teelöffel 16 Portionen der Mischung abstechen, auf ein Schneidebrett legen und zu ovalen Kroketten formen.

Ei, 1 Esslöffel kaltes Wasser und ein wenig Salz und Pfeffer in einem tiefen Teller vermischen. Käse und Leinsamen in einem zweiten tiefen Teller vermischen. Eine Krokette nach der anderen durchs Ei ziehen, dann mit zwei Gabeln herausheben, abtropfen und in der Käsemischung wenden. Auf das vorbereitete Backblech legen. Alle Kroketten auf diese Weise panieren.

20–25 Minuten backen, bis die Kroketten goldbraun sind. Zwischendurch einmal wenden und bei Bedarf mit Öl bestreichen. Zur Garprobe eine Krokette halbieren, der austretende Fleischsaft sollte klar sein und nicht rosa.

Wenn die Kroketten fast fertig gegart sind, den Dip zubereiten: Die Avocado aus der Schale löffeln, mit Limettenschale und -saft sowie dem Joghurt vermischen. In eine kleine Schale füllen und diese auf einen großen Servierteller stellen. Die heißen Kroketten daneben anrichten und sofort servieren.

Ente mit Ramen-Salat

Gesunder Fleischgenuss

Zutaten für 4 Portionen

- 2 Entenbrustfilets (à 175 g)
- 225 ml Erdnussöl
- 100 g Ramen-Nudeln, nach Packungsanweisung gegart
- 2 EL gehobelte Mandeln, geröstet, zum Garnieren
- Salz und Pfeffer

Dressing

- Saft von 1 Limette
- 2 EL helle Misopaste
- 1 EL salzarme Sojasauce
- 1 EL ungewürzter Reisessig
- 1 TL geriebener Ingwer
- 4 EL Pflanzenöl
- 1 TL Sesamöl

Salat

- 1 Salatherz, in mundgerechte Stücke zerpflückt
- 4 Clementinen, in Spalten geteilt
- 1 roter Jalapeño-Chili, entkernt und fein gewürfelt
- 1 Avocado, gewürfelt

So geht's

Den Backofen auf 200 °C vorheizen. Eine große, ofenfeste Pfanne auf mittlerer Stufe erhitzen. Die Filets trocken tupfen und mit Salz und Pfeffer würzen. Mit einem sehr scharfen Messer die Fettschicht vier- bis sechsmal einritzen. Das Fleisch mit der Hautseite nach unten 5–6 Minuten braten, bis das meiste Fett ausgelassen und die Haut braun und kross ist. Wenden und 2 Minuten auf der anderen Seite leicht anbräunen. Erneut wenden und die Pfanne in den Ofen stellen. 7–9 Minuten braten, bis ein Fleischthermometer im dicksten Teil 55 °C anzeigt. Aus dem Ofen nehmen und 5 Minuten ruhen lassen, dann quer zur Faser in 5 mm dicke Scheiben schneiden.

Das Öl in einem kleinen Topf stark erhitzen, bis es anfängt zu rauchen. Mit der Küchenzange die Nudeln portionsweis 20 Sekunden goldbraun frittieren. Wenden und von der anderen Seite in 15–20 Sekunden ebenfalls frittieren. Auf Küchenpapier abtropfen lassen.

Für das Dressing alle Zutaten gründlich verrühren. Die Salatzutaten in einer großen Schüssel mischen. Etwas Dressing darübergeben und vermengen. Den Salat auf Teller verteilen, auf jeden mehrere Scheiben Entenbrust legen, mit Mandeln bestreuen und mit dem restlichen Dressing beträufeln. Die Nudeln dazugeben und sofort servieren.

Proteine aus dem Meer

Forelle mit Spinat-Pilz-Füllung

Proteine aus dem Meer

Zutaten für 2 Portionen

- 2 ganze, küchenfertige Forellen (à 375–400 g)
- 1 EL Pflanzenöl
- 400 g neue Kartoffeln, gekocht (nach Belieben)
- Salz und Pfeffer

Füllung
- 25 g Butter
- 2 Schalotten, gehackt
- 55 g Pilze, fein gehackt
- 55 g junger Spinat
- 1 EL frisch gehackte glatte Petersilie oder Estragon
- fein abgeriebene Schale von 1 Bio-Zitrone
- frisch geriebene Muskatnuss

Salsa
- 2 Tomaten, gehäutet, entkernt und klein gewürfelt
- 10-cm-Stück Salatgurke, klein gewürfelt
- 2 Frühlingszwiebeln, fein gehackt
- 1 EL Olivenöl

So geht's

Die Forellen innen und außen unter fließend kaltem Wasser abspülen und mit Küchenpapier trocken tupfen. Die Haut auf beiden Seiten etwa fünfmal schräg einschneiden. Mit dem Öl bestreichen und innen und außen großzügig mit Salz und Pfeffer würzen.

Für die Füllung die Butter in einem Topf bei niedriger bis mittlerer Hitze zerlassen. Die Schalotten darin 2–3 Minuten andünsten. Die Pilze zufügen und 2 Minuten mitgaren. Den Spinat zugeben und 2–3 Minuten zusammenfallen lassen. Den Topf vom Herd nehmen und Petersilie, Zitronenschale und etwas frisch geriebene Muskatnuss untermischen. Abkühlen lassen.

Den Backofengrill vorheizen. Den Backofenrost mit Alufolie belegen. Die Fische mit der Pilz-Spinat-Mischung füllen. Die Forellen von jeder Seite 5–6 Minuten grillen, bis das Fleisch gar ist und sich leicht mit einem Messer lösen lässt.

Inzwischen für die Tomatensalsa alle Zutaten vermengen und mit Salz und Pfeffer abschmecken. Die Forellen mit der Salsa überziehen und nach Belieben mit neuen Kartoffeln servieren.

Tacos mit Grillforellen

Proteine aus dem Meer

Zutaten für 2 Portionen

- 1 kleine rote Zwiebel, in Ringen
- 1 roter Jalapeño-Chili, in Ringen
- 2 EL Rotweinessig
- ½ TL Salz
- 2 ganze, küchenfertige Forellen (à 375–400 g),
- 2 EL Olivenöl
- 1 TL Kreuzkümmelsamen
- 1 TL getrockneter Oregano
- 1 TL Paprikapulver
- ½ TL Salz
- ½ TL Pfeffer
- 6 weiche Tacos oder kleine Tortillas

Füllung

- 1 reife Avocado, gehackt
- Saft von ½ Limette
- 2 EL saure Sahne
- 50 g gereifter salziger Ricotta oder ein anderer würziger Hartkäse, gerieben
- 1 kleines Bund frischer Koriander, fein gehackt
- Limettenspalten, zum Servieren

So geht's

Zwiebel, Chili, Essig und Salz in einer Schale mischen und ziehen lassen.

Die Forellen auf beiden Seiten mehrmals einschneiden. Dadurch wird der Garprozess beschleunigt.

In einer nicht metallenen Form Öl, Kreuzkümmel, Oregano, Paprika, Salz und Pfeffer verrühren. Die Forellen sorgfältig darin wenden.

Für die Füllung die Avocado in eine kleine Schüssel geben. Mit dem Limettensaft beträufeln und beiseitestellen.

Den Grill für direktes Grillen bei mittlerer bis starker Hitze vorbereiten.

Die Forellen auf den Rost legen und von jeder Seite 5–6 Minuten grillen, bis sich das Fleisch leicht von der Mittelgräte lösen lässt. Die Forellen etwas abkühlen lassen, dann das Fleisch von den Gräten lösen.

Die Tacos einige Sekunden von jeder Seite erwärmen, bis sie biegsam sind. Auf zwei Teller legen und mit Forelle, saurer Sahne, Avocado, Ricotta und der Zwiebelmischung belegen. Mit Koriander bestreuen und sofort mit den Limettenspalten servieren.

Butterseezunge

Proteine aus dem Meer

Zutaten für 2 Portionen

- 100 ml Milch
- 60 g braunes Reismehl
- 4 Seezungenfilets mit Haut (à 175 g)
- 250 g grüner Spargel
- 85 g Butter
- Saft von ½ Zitrone
- Meersalz und Pfeffer
- 2 EL frisch gehackte Petersilie, zum Garnieren
- 1 Zitrone, in Spalten, zum Servieren

So geht's

Die Milch in eine große, flache Schale geben (das größte Filet sollte gut hineinpassen). Das Mehl auf einem Teller verteilen. Die Filets von beiden Seiten salzen und pfeffern.

Wasser in einem Topf zum Kochen bringen, den Spargel darin 3–5 Minuten garen, gut abtropfen lassen und warm stellen.

Jedes Seezungenfilet einzeln sehr schnell durch die Milch ziehen, dann im Mehl wenden und überschüssiges Mehl abschütteln. Die Filets auf einen Teller legen.

Die Hälfte der Butter in einer großen Pfanne auf mittlerer bis hoher Stufe zerlassen (die Filets sollten nebeneinander hineinpassen). Die Filets mit der Hautseite nach unten hineingeben und 2 Minuten braten.

Die Filets wenden und nochmals 2–3 Minuten braten. Sie sollten leicht zerfallen. Mit der Hautseite nach oben auf zwei Tellern beiseitestellen.

Die Hitze auf mittlere Stufe reduzieren und die restliche Butter in der Pfanne zerlassen. Wenn sie nicht mehr schäumt, den Zitronensaft zugeben und unter Rühren den Bodensatz der Pfanne lösen. Die Buttersauce über den Fisch geben und alles mit Petersilie garnieren. Mit Spargel und Zitronenspalten servieren.

Sardellen mit Rucola & Sellerie

Proteine aus dem Meer

Zutaten für 4 Portionen

- 2 Selleriestangen
- 4 kleine Handvoll Rucola
- 12–16 eingelegte Sardellenfilets, längs halbiert
- 1½ EL natives Olivenöl extra
- Salz und Pfeffer
- dicke Zitronenspalten, zum Servieren

So geht's

Die Selleriestangen längs vierteln und in 7 cm lange Stifte schneiden. In eine Schüssel mit Eiswasser geben und 30 Minuten ziehen lassen, bis sie knackig und leicht eingerollt sind. Gut abtropfen lassen und mit Küchenpapier trocken tupfen.

Den Rucola auf vier flache Servierschalen verteilen. Selleriestifte und Sardellenfilets dekorativ darauf anrichten. Mit dem Öl beträufeln. Salzen und pfeffern – denken Sie aber daran, dass die Sardellen bereits sehr salzig sind. Mit den Zitronenspalten servieren.

Kabeljau mit Misoglasur

Proteine aus dem Meer

Zutaten für 4 Portionen

- 90 g helle Misopaste
- 3 EL Rohrzucker
- 2 EL Mirin oder Sake
- 4 Kabeljaufilets (à 125 g)
- 350 g Soba-Nudeln
- 1 EL Sesamöl
- etwas Pflanzenöl, zum Braten

Zum Garnieren

- 1 EL geröstete Sesamsaat
- 3 Frühlingszwiebeln, in dünne Ringe geschnitten

So geht's

Misopaste, Zucker und Mirin in einen kleinen Topf geben. Unter ständigem Rühren bei mittlerer Hitze aufkochen und 2 Minuten kochen. Falls die Mischung zu dick sein sollte, 1–2 Esslöffel Wasser hinzufügen.

Die Fischfilets trocken tupfen und nebeneinander in eine Auflaufform legen. Jedes Filet mit etwas Misoglasur bestreichen und 30 Minuten zum Marinieren in den Kühlschrank stellen.

Die Nudeln nach Packungsangabe kochen, abtropfen lassen und in Sesamöl wenden.

Den Backofen auf 190 °C vorheizen. Das Pflanzenöl in einer Pfanne auf mittlerer bis hoher Stufe erhitzen. Den Fisch kurz von beiden Seiten scharf anbraten. Die Filets auf ein Blech legen, mit der restlichen Glasur bestreichen und 5 Minuten im vorgeheizten Ofen backen, bis sie gar sind und sich das Fleisch leicht mit einer Gabel zerteilen lässt.

Die Nudeln auf vier Servierteller verteilen. Auf jeder Portion ein Fischfilet anrichten und mit Sesamsaat und Frühlingszwiebeln garnieren.

Marinierter Fisch mit Reisnudeln

Proteine aus dem Meer

Zutaten für 4 Portionen

- 450 g Seeteufel oder Kabeljau, gewürfelt
- 250 g Lachsfilets, gewürfelt
- 120 g Reisbandnudeln
- 2 EL Pflanzen- oder Erdnussöl
- 2 Schalotten, in Ringe geschnitten
- 2 Knoblauchzehen, fein gehackt
- 1 frischer roter Chili, entkernt und gehackt
- 2 EL thailändische Sojasauce
- 2 EL Chilisauce
- frischer Koriander, zum Garnieren

Marinade

- 2 EL Pflanzen- oder Erdnussöl
- 2 frische grüne Chilis, entkernt und gehackt
- abgeriebene Schale und Saft von 1 Bio-Limette
- 1 EL Fischsauce

So geht's

Alle Zutaten für die Marinade mischen und über den Fisch gießen. MIndestens 2 Stunden marinieren. Die Nudeln nach Packungsangabe kochen, abtropfen lassen und beiseitestellen.

Einen Wok auf mittlerer bis hoher Stufe erhitzen und das Öl hineingeben. Schalotten, Knoblauch und Chili anbraten, bis sie leicht gebräunt sind. Den Fisch mit der Marinade im Wok unter vorsichtigem Rühren 2–3 Minuten braten, bis er gar ist.

Die Nudeln zufügen und alles behutsam mischen. Mit Koriander garnieren und sofort servieren.

Ingwerlachs mit grünem Gemüse

Proteine aus dem Meer

Zutaten für 4 Portionen

- 4 Lachsfilets (à 150 g) ohne Haut
- 5-cm-Stück frischer Ingwer, fein gehackt
- 3 Knoblauchzehen, fein gehackt
- 1 frischer roter Chili, entkernt und fein gehackt
- 3 EL Tamari oder eine andere Sojasauce
- 200 g Brokkoli, in kleinen Röschen
- 1 EL Sonnenblumenöl
- 1 große Porreestange, in Ringen
- 115 g Grünkohl, in feinen Streifen
- 2 EL Reiswein
- Saft von 1 Orange

So geht's

Den Backofengrill vorheizen und den Boden einer Grillpfanne mit Alufolie belegen. Die Ränder nach oben schlagen, sodass eine Schale entsteht. Die Lachsfilets hineinlegen und mit je der Hälfte von Ingwer, Knoblauch und Chili bestreuen. Mit 1 Esslöffel Tamari beträufeln. Unter einmaligem Wenden 8–10 Minuten goldbraun grillen, bis sich das Fleisch leicht mit einem Messer lösen lässt.

Inzwischen Brokkoli und 6 Esslöffel Wasser in einen Wok oder eine große Pfanne geben, einen Deckel aufsetzen und bei mittlerer bis starker Hitze 3–4 Minuten knackig gar dünsten. Das Kochwasser abgießen.

Das Öl in den Wok geben und die Hitze erhöhen. Porree, Grünkohl und restlichen Ingwer, Knoblauch und Chili im heißen Fett 2–3 Minuten pfannenrühren, bis der Kohl zusammenfällt.

Restliche Tamari, Reiswein und Orangensaft unterrühren und 1 weitere Minute garen. Auf vier Servierteller verteilen. Den Lachs in mundgerechte Stücke teilen und auf dem Gemüse anrichten. Sofort servieren.

Lachs mit Mango-Salsa

Proteine aus dem Meer

Zutaten für 4 Portionen

- 2 EL Limettensaft
- 1 EL flüssiger Honig
- 2 EL frisch gehackter Dill
- Salz und Pfeffer
- 4 Lachsfilets (à 115 g)
- gekochte neue Kartoffeln, zum Servieren (nach Belieben)
- Salatblätter, zum Servieren

Salsa

- 1 Mango, gewürfelt
- abgeriebene Schale und Saft von 1 Bio-Limette
- 2 EL Kokosraspel

So geht's

Den Backofengrill vorheizen und den Rost mit Alufolie belegen.

Limettensaft, Honig und die Hälfte des Dills in einer nicht metallenen Form verrühren. Mit Salz und Pfeffer würzen. Den Lachs darin wenden, bis er gleichmäßig mit der Glasur überzogen ist. Auf den vorbereiteten Rost legen und unter dem heißen Grill 8–10 Minuten unter einmaligem Wenden goldbraun garen, bis sich das Fleisch leicht mit einem Messer lösen lässt.

Inzwischen für die Salsa Mango, Limettenschale und -saft, Kokosraspel und restlichen Dill in einer Schale vermengen.

Den Lachs mit der Salsa auf vier Tellern anrichten und nach Belieben mit Kartoffeln und Salat servieren.

Wildlachs mit Gartengemüse

Proteine aus dem Meer

Zutaten für 4 Portionen

- 500 g neue Kartoffeln, abgebürstet und größere Exemplare halbiert
- 1 EL natives Olivenöl extra
- fein abgeriebene Schale und Saft von 1 Bio-Zitrone
- 1 TL Honig
- 1 TL körniger Senf
- 4 Steaks vom Wildlachs (à 150 g)
- 250 g grüne Bohnen, in dünne Streifen geschnitten
- 250 g grüner Spargel
- 175 g Zuckererbsen
- 1 Fenchelknolle, in feine Scheiben geschnitten, Fenchelgrün zerzupft
- 6 EL Crème fraîche
- Meersalz und Pfeffer

So geht's

Einen Dampfgarer zur Hälfte mit Wasser füllen, das Wasser zum Kochen bringen und die Kartoffeln 15 Minuten darin garen.

Den Backofengrill auf mittlerer bis hoher Stufe erhitzen und eine Grillpfanne mit Alufolie auslegen. Öl, Zitronenschale und -saft, Honig und Senf in einem kleinen Krug verrühren, etwas Salz und Pfeffer einrühren. Die Lachssteaks in die Grillpfanne legen, mit der Öl-Zitronen-Mischung beträufeln und 8–10 Minuten unter einmaligem Wenden grillen. Die Steaks sollten gut gebräunt sein und sich bei Druck mit einem Messer leicht zerteilen lassen.

Die Bohnen in den Dämpfeinsatz geben und diesen in den Garer über die Kartoffeln setzen. Den Deckel auflegen und 6 Minuten dämpfen. Spargel und Erbsen 3 Minuten vor Ende der Garzeit dazugeben, den Fenchel 1 Minute vor Ende der Garzeit zugeben.

Den Dämpfeinsatz herausnehmen, die Kartoffeln abgießen, mit Salz und Pfeffer bestreuen und grob mit einer Gabel zerteilen. Auf vier Teller jeweils in die Mitte geben. Das Gemüse mit Crème fraîche und Fenchelgrün mischen und über die Kartoffeln geben. Den Lachs häuten, auf das Gemüsebett legen und den Sud aus der Pfanne darüberträufeln und sofort servieren.

Fischfrikadellen

Proteine aus dem Meer

Zutaten für 4 Portionen

- 500 g mehligkochende Kartoffeln, in Stücken
- 500 g feste weiße Fischfilets ohne Haut
- 25 g Butter
- fein abgeriebene Schale und Saft von 1 Bio-Zitrone
- 4 EL Milch
- 25 g gehackte Petersilie
- 40 g Schnittlauchröllchen
- 1 Ei
- 4 Scheiben Vollkornbrot, zerbröselt
- 40 g Parmesan, gerieben
- 1 EL natives Olivenöl extra
- Meersalz und Pfeffer
- 85 g grüne Salatblätter, zum Servieren
- Zitronenspalten, zum Servieren

Olivensauce

- 70 g grüne und schwarze Kräuteroliven, entsteint und gehackt
- 150 g Naturjoghurt

So geht's

Die Kartoffeln im Dampfgarer 15 Minuten dämpfen. Den Fisch nebeneinander in den Dämpfaufsatz legen, abdecken und über den Kartoffeln 8–10 Minuten mitdünsten. Die Kartoffeln abgießen und wieder in den Topf geben. Butter, Zitronenschale und -saft und 2 Esslöffel Milch zugeben und alles zu einem Püree zerdrücken. Den Fisch in mundgerechte Stücke zerteilen und zur Kartoffelmasse geben. Je 15 g Petersilie und Schnittlauch und etwas Salz und Pfeffer zugeben, alles gründlich vermengen. Die Masse zu acht Frikadellen formen und abkühlen lassen.

Das Ei in einer Schale aufschlagen, die restliche Milch zugeben und verquirlen. Semmelbrösel, restliche Petersilie, 15 g Schnittlauch und Parmesan auf einem Teller vermischen. Jede Frikadelle zuerst in der Eimischung, dann in der Bröselmischung wenden. 30 Minuten in den Kühlschrank stellen.

Den Backofen auf 200 °C vorheizen. Die Fischfrikadellen auf ein Blech legen, mit dem Öl beträufeln und 25–30 Minuten backen, nach der Hälfte der Garzeit wenden. Die Frikadellen sollten gebräunt und sehr heiß sein.

Für die Olivensauce die Zutaten mit dem restlichen Schnittlauch und etwas Salz und Pfeffer in einer Schüssel verrühren. Die Frikadellen mit der Sauce, Salatblättern und Zitronenspalten servieren.

Thunfisch mit Pak Choi

Proteine aus dem Meer

Zutaten für 2 Portionen

- 400 g Pak Choi
- 120 g Soba-Nudeln
- 2 Thunfischsteaks (à 175 g), 15 mm dick
- 2 EL Erdnussöl, plus etwas mehr zum Bestreichen
- 2 Scheiben frischer Ingwer, in dünne Stifte geschnitten
- ½–1 frischer roter Chili, entkernt und in dünne Scheiben geschnitten
- 4 Frühlingszwiebeln mit etwas Grün, diagonal in dicke Stücke geschnitten
- 140 g Edamame, Tiefkühlware aufgetaut
- 1 Spritzer Limettensaft
- 3 EL frisch gehackter Koriander
- Meersalz und Pfeffer

So geht's

Die Pak-Choi-Stiele in mundgerechte Stücke, die Blätter in breite Streifen schneiden.

Die Nudeln 5–6 Minuten al dente kochen, abgießen und das Kochwasser aufbewahren. Die Nudeln abspülen und beiseitestellen. Das Kochwasser wieder in den Topf geben und auf kleiner Stufe warm halten.

In der Zwischenzeit die Thunfischsteaks dritteln. Mit Öl bestreichen und mit Meersalz und Pfeffer würzen. Eine geriffelte Grillpfanne auf mittlerer bis hoher Stufe erhitzen. Den Thunfisch darin 2 Minuten von jeder Seite anbraten. Auf einen Teller legen und an einen warmen Ort stellen.

Das Öl auf mittlerer Stufe in einem Wok erhitzen und Ingwer, Chili und Frühlingszwiebeln einige Sekunden darin anbraten.

Pak-Choi-Stiele und Sojabohnen zufügen und weitere 3 Minuten braten. Die Blätter zufügen und 1 Minute weitergaren. Limettensaft und Koriander zufügen und mit Salz und Pfeffer würzen.

Die Nudeln im Kochwasser erwärmen und abgießen. Auf zwei Teller verteilen, das Gemüse dazugeben und den Thunfisch darauf anrichten. Sofort servieren.

Thunfisch mit Radieschen

Proteine aus dem Meer

Zutaten für 2–3 Portionen

- 4 Thunfischsteaks (à 150 g)
- 1 EL Sesamsaat
- gekochter Reis, zum Servieren (nach Belieben)

Marinade

- 2 EL dunkle Sojasauce
- 2 EL Sonnenblumenöl
- 1 EL Sesamöl
- 1 EL Reisessig
- 1 TL frisch geriebener Ingwer

Relish

- ½ Gurke, geschält
- 1 Bund Radieschen

So geht's

Die Thunfischsteaks auf einen Teller legen und mit dem Sesam bestreuen. Mit einem Löffelrücken fest ins Fleisch drücken.

Für die Marinade die Zutaten verrühren. 3 Esslöffel davon in eine mittelgroße Schüssel geben, die restliche Marinade über den Fisch gießen. Den Fisch in der Marinade wenden, abdecken und 1 Stunde in den Kühlschrank stellen.

Gurke und Radieschen in feine Scheiben schneiden und in der Schüssel mit der Marinade wenden. Abdecken und in den Kühlschrank stellen.

Eine große, schwere Pfanne auf hoher Stufe erhitzen. Die Steaks hineingeben und von jeder Seite – je nach Dicke – 3–4 Minuten braten. Sofort mit den eingelegten Radieschen und Gurken sowie dem gekochten Reis nach Belieben servieren.

Vietnamesische Garnelenrollen

Proteine aus dem Meer

Zutaten für 6 Rollen

- 40 g Reis-Vermicelli
- 150 g gekochte, gekühlte Riesengarnelen, in feine Scheiben geschnitten
- abgeriebene Schale von 1 Bio-Limette
- 10 g frische Minze, Blätter abgezupft
- 10 g frischer Koriander
- 55 g Bohnensprossen
- 55 g Karotte, in Stiften
- ¼ Salatgurke, längs halbiert, entkernt und in Streifen geschnitten
- ¼ Romana-Salatherz, in Streifen geschnitten
- 6 Blätter Reispapier (20 cm Ø)

Dip

- Saft von 1 Limette
- 1 EL Tamari (Sojasauce)
- 1 EL Muskovado-Zucker
- 1 TL Fischsauce
- 1 roter Chili, halbiert, entkernt und fein gehackt
- 2 Knoblauchzehen, gehackt
- 1 EL geriebener Ingwer

So geht's

Die Nudeln in einer Schüssel mit kochendem Wasser bedecken und 5 Minuten weich werden lassen. Die Garnelen mit der Limettenschale verrühren. Minze, Koriander, Sprossen, Karotte, Gurke und Salat auf einer Servierplatte anrichten. Die Nudeln abtropfen lassen und auf einen Teller legen.

Etwas kochendes Wasser in ein großes, flaches Gefäß gießen. Ein Blatt Reispapier darin 10–15 Sekunden einweichen. Wenn es weich und transparent ist, herausnehmen, gut abtropfen lassen und auf ein Schneidebrett legen.

Ein Sechstel der Garnelenstücke als Streifen mittig auf dem Reispapier verteilen. Mit einem Sechstel von Minze, Koriander, Nudeln und Bohnensprossen, Karotte, Gurke und Salat belegen. Das untere Drittel des Reispapiers über die Füllung schlagen, die Seiten einklappen und alles zu einer Rolle aufwickeln. Auf einen Teller legen. Mit den restlichen Reispapierblättern ebenso verfahren, sodass sechs Rollen entstehen.

Für den Dip Limettensaft, Tamari, Zucker und Fischsauce in einer Schüssel verrühren. Chili, Knoblauch und Ingwer einrühren.

Jede Rolle halbieren. Den Dip in einzelne Schälchen füllen und zu den Rollen reichen. Falls die Rollen nicht sofort serviert werden, in Frischhaltefolie wickeln und bis zu 8 Stunden in den Kühlschrank legen.

Risotto mit Garnelen

Proteine aus dem Meer

Zutaten für 3–4 Portionen

- 150 g Radicchio
- 4 EL Olivenöl
- 50 g Butter
- 2 Schalotten, fein gehackt
- 375 g Risotto-Reis
- 125 ml Weißwein
- 750 ml Hühnerbrühe
- 2 EL Zitronensaft, plus etwas mehr, falls gewünscht
- 40 g frisch geriebener Parmesan
- 250 g rohe Riesengarnelen, geschält und Darm entfernt
- Salz und Pfeffer
- frische Basilikumblätter, zum Garnieren

So geht's

Den dicken Strunkansatz vom Radicchio entfernen und die Blätter quer in Streifen schneiden.

Jeweils die Hälfte von Öl und Butter in einer großen Pfanne auf mittlerer Stufe erhitzen. Die Schalotten hinzufügen und 5 Minuten dünsten. Den Reis zufügen und umrühren. Den Wein zugießen und rühren, bis er aufgesogen ist.

Die Brühe portionsweise mit einer Schöpfkelle zugießen und jeweils rühren, bis die Flüssigkeit aufgesogen ist. Der Reis sollte bissfest sein. Wenn die Brühe fast verbraucht ist, den Radicchio bis auf eine Handvoll zufügen, Zitronensaft, Parmesan und die verbliebene Butter unterrühren. Mit Salz und Pfeffer abschmecken, vom Herd nehmen und 5 Minuten ruhen lassen.

In der Zwischenzeit das restliche Öl in einer großen Pfanne auf mittlerer bis hoher Stufe erhitzen. Die Garnelen hineingeben und 4–5 Minuten rosa braten. Mit Salz, Pfeffer und Zitronensaft würzen.

Garnelen und restliche Radicchioblätter auf dem Risotto anrichten. Mit Basilikum garnieren.

Scharfe Udon mit Garnelen

Proteine aus dem Meer

Zutaten für 4 Portionen

- 2 EL Pflanzenöl
- 2 Porreestangen, längs halbiert und gehackt
- 2 Knoblauchzehen, fein gehackt
- 2 Stängel Zitronengras, zerdrückt und in 5 cm lange Stücke geschnitten
- 2 rote Chilis, in Ringen
- 1 TL Salz
- 1,5 l Gemüsebrühe
- abgeriebene Schale und Saft von 1 Bio-Limette
- 6 Kaffir-Limettenblätter
- 350 g frische Udon-Nudeln
- gehobelter Rotkohl und geraspelte Karotten, zum Garnieren

Garnelen

- 1 EL geriebener Ingwer
- 2 Knoblauchzehen, fein gehackt
- 125 ml Sojasauce
- 4 EL Limettensaft
- 1 EL Zucker
- 2 EL Pflanzenöl
- 450 g rohe Garnelen ohne Schwanz und Darm

So geht's

Das Öl in einem großen Topf auf mittlerer bis hoher Stufe erhitzen. Den Porree darin unter Rühren 5 Minuten dünsten, bis er weich ist. Knoblauch, Zitronengras, Chilis und Salz zufügen und 1 Minute weiterbraten. Brühe, Limettenschale und -saft sowie Limettenblätter dazugeben und zum Kochen bringen. Die Hitze reduzieren und 20 Minuten köcheln lassen. Zitronengras und Limettenblätter herausnehmen.

Inzwischen acht Holzspieße bis zum Gebrauch in Wasser legen. Ingwer, Knoblauch, Sojasauce, Limettensaft und Zucker in einer mittelgroßen Schüssel mit dem Schneebesen verrühren. Das Öl untermischen. Die Garnelen in der Marinade wenden. Bei Raumtemperatur 15 Minuten marinieren.

Den Backofengrill vorheizen. Die Garnelen aus der Marinade nehmen und auf die gewässerten Spieße stecken. Auf der obersten Schiene unter den Grill legen und von jeder Seite 2 Minuten grillen, bis sie rosa und gar sind.

Die Suppe wieder leicht zum Köcheln bringen und die Nudeln hineingeben. Die Hitze reduzieren und die Nudeln 5 Minuten garen.

Die Suppe auf vorgewärmte Schüsseln verteilen, mit Karottenraspeln, Rotkohl und je zwei Garnelenspießen anrichten und sofort servieren.

Garnelen-Puris

Proteine aus dem Meer

Zutaten für 6 Portionen

- 2 TL Koriandersamen
- ½ TL schwarze Pfefferkörner
- 1 große Knoblauchzehe, zerdrückt
- 1 TL gemahlene Kurkuma
- ¼–½ TL Chilipulver
- ½ TL Salz (oder nach Belieben)
- 40 g Ghee oder 3 EL Pflanzen- oder Erdnussöl
- 1 Zwiebel, gerieben
- 800 g Tomaten aus der Dose
- 1 Prise Zucker
- 500 g kleine, gekochte Garnelen, ausgelöst (Tiefkühlware aufgetaut)
- ½ TL Garam masala, plus etwas mehr zum Garnieren
- 6 Puris (Vollkornfladenbrote), warm gehalten
- frischer Koriander, zum Garnieren

So geht's

Koriander, Pfeffer, Knoblauch, Kurkuma, Chilipulver und Salz in einer kleinen Küchenmaschine, einer Gewürzmühle oder einem Mörser zu einer dicken Paste verarbeiten.

Das Ghee in einem Wok oder einer großen Pfanne bei mittlerer Hitze zerlassen. Die Gewürzpaste zugeben und unter Rühren 30 Sekunden anbraten, bis sie zu duften beginnt.

Die Zwiebel zugeben und alles weitere 30 Sekunden dünsten. Die Tomaten mit ihrem Saft und den Zucker unterrühren. Alles unter Rühren aufkochen und 10 Minuten bei mittlerer Hitze köcheln lassen, dabei die Tomaten in der Pfanne zerdrücken. Die Sauce einkochen, bis sie dickflüssig ist. Nach Belieben mit Salz abschmecken.

Die Garnelen untermengen und mit Garam masala bestreuen. Wenn die Garnelen erhitzt sind, die heißen Puri-Fladen auf Teller legen und auf jedem Fladen eine Portion Garnelen anrichten. Mit Koriander und Garam masala garnieren, sofort servieren.

Krebsfleisch mit Selleriesalat

Proteine aus dem Meer

Zutaten für 4 Portionen

- Saft von 1 Zitrone
- 450 g Sellerie, gerieben
- 250 g weißes Krebsfleisch
- frisch gehackter Dill, zum Garnieren
- gemischte Salatblätter, zum Servieren

Remoulade

- 150 ml Mayonnaise
- 1 EL Dijon-Senf
- 1½ TL Weißweinessig
- 2 EL Kapern, gut abgetropft
- Salz und weißer Pfeffer

So geht's

Für die Remoulade die Mayonnaise in eine Schüssel geben. Senf, Essig und Kapern einrühren und mit Salz und Pfeffer abschmecken. Abdecken und bis zum weiteren Gebrauch kalt stellen.

Salzwasser und Zitronensaft in einem großen Topf zum Kochen bringen. Geriebenen Sellerie ins Wasser geben und 2 Minuten blanchieren. Abgießen und unter fließend kaltem Wasser abschrecken, um den Kochprozess zu beenden. Die restliche Flüssigkeit mit den Händen ausdrücken und die Selleriestücke mit Küchenpapier trocken tupfen.

Den Sellerie mit dem Krebsfleisch in die Remoulade rühren. Abschmecken und bei Bedarf nachwürzen. Abdecken und mindestens 30 Minuten kalt stellen.

Zum Servieren auf Schüsseln verteilen, mit Dill garnieren und mit dem Salat servieren.

Flusskrebsschwänze in Tomate

Proteine aus dem Meer

Zutaten für 4 Portionen

- 1 EL fettarme Margarine
- 1 EL Olivenöl
- 2 Schalotten, fein gehackt
- 4 Tomaten, gehäutet und gehackt
- 2 EL Tomatenmark
- 1 Prise getrockneter Oregano
- 1 Prise Zucker (nach Belieben)
- Salz und Pfeffer
- 450 g ausgelöste Flusskrebsschwänze
- 3 EL Sahne

Zum Servieren

- gekochter Wildreis
- 1 Handvoll Rucola
- Zitronenspalten

So geht's

Die Margarine mit dem Öl in einem Topf zerlassen. Die Schalotten darin bei kleiner Hitze unter gelegentlichem Rühren 5 Minuten weich dünsten. Tomaten, Tomatenmark und Oregano zufügen und abgedeckt 10–15 Minuten schmoren, bis die Tomaten zerfallen sind. Nach Belieben etwas Zucker unterrühren. Leicht salzen und pfeffern.

Die Flusskrebsschwänze zugeben und unter gelegentlichem Rühren 2–3 Minuten sanft erhitzen. Die Sahne unterrühren. Die Flusskrebsschwänze auf dem Reis anrichten und mit Rucola und Zitronenspalten garniert sofort servieren.

Venusmuscheln in Bohnensauce

Proteine aus dem Meer

Zutaten für 6 Portionen

- 900 g kleine Venusmuscheln
- 1 EL Rapsöl
- 1 TL fein gehackter frischer Ingwer
- 1 TL fein gehackter Knoblauch
- 1 EL fermentierte schwarze Bohnen, abgespült und grob gehackt
- 2 TL chinesischer Reiswein oder trockener Sherry
- 1 EL fein gehackte Frühlingszwiebeln
- 1 TL Salz (nach Belieben)

So geht's

Die Muscheln gut waschen, dann bis zum Gebrauch mit frischem Wasser bedecken.

Einen Wok auf starker Stufe 30 Sekunden erhitzen. Das Öl hineingießen, durch Schwenken darin verteilen und 30 Sekunden erhitzen. Ingwer und Knoblauch darin unter Rühren anbraten, bis sie zu duften beginnen. Die Bohnen zufügen und eine weitere Minute garen.

Muscheln und Reiswein zugeben und bei starker Hitze 2 Minuten pfannenrühren. Dann den Deckel aufsetzen und 3 Minuten dünsten. Frühlingszwiebeln und Salz, falls verwendet, zugeben und sofort servieren.

Jakobsmuscheln auf Chilinudeln

Proteine aus dem Meer

Zutaten für 4 Portionen

- 350 g frische Udon-Nudeln
- 12–16 Jakobsmuscheln, ausgelöst
- 1 EL Butter
- 1 EL Olivenöl
- Salz und Pfeffer
- 3 Frühlingszwiebeln, in feine Ringe geschnitten, zum Garnieren

Dressing

- 3 Knoblauchzehen, fein gehackt
- 1 EL fein gehackter Ingwer
- abgeriebene Schale und Saft von 1 Bio-Orange
- 4 EL Sojasauce
- 90 ml süße Chilisauce
- 125 ml Pflanzenöl

So geht's

Die Nudeln nach Packungsangabe kochen, gründlich abtropfen lassen und beiseitestellen.

Für das Dressing Knoblauch, Ingwer, Orangenschale und -saft, Sojasauce und Chilisauce in einer Schüssel mit dem Schneebesen verquirlen. Das Öl zufügen und mit dem Schneebesen unterrühren.

Die Jakobsmuscheln abspülen, trocken tupfen und mit Salz und Pfeffer bestreuen. Butter und Öl in einer großen Pfanne auf hoher Stufe erhitzen, bis die Butter zerlassen ist. Die Muscheln zufügen und von jeder Seite 1½ Minuten anbraten, bis sich eine goldbraune Kruste bildet, die Mitte jedoch noch durchscheinend ist.

Die Nudeln in einer großen Schüssel mit dem Dressing vermischen, dabei etwas Dressing aufbewahren. Die Nudeln auf vier Servierteller verteilen. Auf jeder Portion drei bis vier Muscheln anrichten. Etwas von dem restlichen Dressing darüberträufeln und mit Frühlingszwiebeln garniert sofort servieren.

Austern mit Spinat

Proteine aus dem Meer

Zutaten für 24 Stück

- 24 große, lebende Austern
- Meersalz
- 1 EL Butter
- 2 EL Olivenöl
- 6 Frühlingszwiebeln, gehackt
- 1 große Knoblauchzehe, zerdrückt
- 3 EL fein gehackter Stangensellerie
- 40 g Brunnenkresse
- 80 g junge Spinatblätter, entstielt
- 1 EL Anislikör
- 4 EL frische Semmelbrösel
- einige Tropfen scharfe Chilisauce, zum Abschmecken
- Pfeffer
- Zitronenspalten, zum Servieren

So geht's

Den Backofen auf 200 °C vorheizen. Die Austern aufbrechen und den Muskel von der unteren Schalenhälfte lösen. Das Austernwasser abgießen. Eine 1–2 cm dicke Schicht Meersalz in eine Bratform füllen, in der alle Austern nebeneinander Platz haben (oder verwenden Sie zwei Formen). Die Austernhälften so in das Salz drücken, dass sie waagerecht liegen. Mit einem großen, feuchten Tuch abdecken und kalt stellen.

Falls Sie keine Austernteller haben, vier Servierteller mit Meersalz füllen, sodass sechs Austern nebeneinander Platz haben.

Die Hälfte der Butter mit dem Öl in einer Pfanne zerlassen. Frühlingszwiebeln, Knoblauch und Sellerie darin bei mittlerer Hitze unter häufigem Rühren 2–3 Minuten andünsten.

Restliche Butter, Brunnenkresse und Spinat zugeben und unter Rühren 1 Minute dünsten, bis das Blattgemüse zusammengefallen ist. Den Pfanneninhalt im Mixer zusammen mit Likör, Semmelbröseln, Chilisauce und Pfeffer glatt pürieren.

Auf jede Auster 2–3 Teelöffel Sauce geben und im vorgeheizten Ofen 20 Minuten backen. Die Austernhälften auf die Servierteller setzen und sofort mit Zitronenspalten servieren.

Hummer mit Safranmayonnaise

Proteine aus dem Meer

Zutaten für 4 Portionen

- 750 g–1 kg frisch gekochtes Hummerfleisch, in mundgerechte Stücke geschnitten
- 1 große Avocado, gewürfelt
- 4 vollreife, aber feste Tomaten
- Salz und Pfeffer
- 250 g gemischte Salatblätter
- 1–2 EL fruchtiges Olivenöl
- 1 Spritzer Zitronensaft

Safranmayonnaise

- 1 Prise Safranfäden
- 1 Eigelb
- 1 TL Dijon-Senf
- 1 EL Weißweinessig
- Salz und Pfeffer
- 300 ml Rapsöl

So geht's

Für die Mayonnaise die Safranfäden in etwas warmem Wasser einweichen. Währenddessen Eigelb, Senf, Essig und eine Prise Salz mit einem elektrischen Handrührgerät verrühren. Bei laufendem Motor etwa ein Drittel des Öls in einem sehr dünnen Strahl dazugießen. Wenn die Masse dicklich wird, das restliche Öl etwas schneller zugießen. Den Safran samt Einweichwasser einarbeiten. Mit Salz und Pfeffer abschmecken. Bis zum Gebrauch abgedeckt im Kühlschrank aufbewahren.

Hummerfleisch und Avocadowürfel in eine Schüssel geben. Die Tomaten vierteln und entkernen. Das Fruchtfleisch grob würfeln und in die Schüssel geben. Salzen und pfeffern. So viel Mayonnaise unterheben, dass alle Salatzutaten dünn damit überzogen sind.

Die Salatblätter mit Olivenöl und Zitronensaft anmachen. Auf vier Servierteller verteilen und den Hummersalat darauf anrichten.

Hummer mit Nam-Jim-Sauce

Proteine aus dem Meer

Zutaten für 2 Portionen

- 2 lebende Hummer (à 675 g)
- 50 g gesalzene Butter, zerlassen
- 1 TL Pfeffer

Nam-Jim-Sauce

- 1 kleines Bund Koriander
- 10 grüne Bird's-Eye-Chilis
- ½ TL Salz
- 50 g Palmzucker
- Saft von 4 Limetten

So geht's

Die Hummer 2 Stunden vor der Zubereitung ins Gefrierfach geben. Einen großen Topf Salzwasser zum Kochen bringen, die Hummer kopfüber hineingeben und 5 Minuten kochen. Dann 10 Minuten in Eiswasser abschrecken.

Die Hummer längs halbieren. Magensack herauslösen und Kopf abtrennen. Falls vorhanden, den schwarzen Darmfaden und Rogen hinter dem Kopfteil entfernen. Die Scheren aufbrechen; dadurch werden sie beim Grillen heißer.

Den Grill für direktes Grillen bei mittlerer bis starker Hitze vorbereiten.

Für die Nam-Jim-Sauce Koriander, Chilis und Salz 30 Sekunden pürieren. Die Masse von der Behälterwand nach unten schaben. Bei laufendem Motor Palmzucker und Limettensaft zugeben und glatt mixen. In eine Schale füllen.

Die Schnittseite der Hummer mit zerlassener Butter bestreichen und pfeffern. Die Hummer mit der Schnittseite nach unten auf den Rost legen und 5 Minuten grillen. Wenden und weitere 5 Minuten grillen und mit mehr Butter bestreichen. Sofort mit der Sauce servieren.

Knuspriger Chili-Tintenfisch

Proteine aus dem Meer

Zutaten für 4 Portionen

- 500 g vorbereitete Tintenfischringe
- 5 EL Grieß
- 6 EL Speisestärke
- Pflanzen- oder Erdnussöl, zum Frittieren

Marinade

- 3 frische rote Chilis, fein gehackt
- 2 TL fein geriebener frischer Ingwer
- 3 Knoblauchzehen, zerdrückt
- 2 TL Weißweinessig
- 4 EL Pflanzen- oder Erdnussöl
- 1 TL gemahlener Kreuzkümmel
- 1 TL Koriandersamen, zerstoßen
- 1 TL Salz

So geht's

Für die Marinade alle Zutaten in der Küchenmaschine glatt pürieren. In eine flache, nicht metallene Schüssel geben und die Tintenfischringe zufügen. Schwenken, um alles gut zu vermengen, abdecken und 1 Stunde zum Marinieren in den Kühlschrank stellen.

In einer separaten Schüssel Grieß und Speisestärke vermengen und dann beiseitestellen.

Genug Öl zum Frittieren in einem großen Topf oder einer Fritteuse auf 180 °C erhitzen (ein Brotwürfel bräunt darin in 30 Sekunden). Die Tintenfischringe abtropfen lassen und in der Grießmischung wenden. Den Tintenfisch portionsweise 1–2 Minuten frittieren, bis er knusprig und goldbraun ist.

Den Tintenfisch mit einem Schaumlöffel herausnehmen und auf Küchenpapier abtropfen lassen. Sofort servieren.

Dessert-Helden

Karotten-Pekannuss-Schnitten

Dessert-Helden

Zutaten für 15 Schnitten

- 3 Eier
- 150 ml natives Olivenöl extra
- 115 g heller Muskovado-Zucker
- 5 EL fester Honig
- 175 g Weizen-vollkornmehl
- 4 EL Weizenkeime
- 2 TL Backpulver
- 2 TL gemahlener Ingwer
- abgeriebene Schale von 1 Bio-Orange, plus etwas mehr zum Dekorieren
- 1¼ TL Lebkuchengewürz
- 175 g Karotten, gerieben
- 55 g Pekannusskerne, in Stücke zerkleinert, plus etwas mehr zum Dekorieren

Creme

- 115 g Joghurt (10 % Fett)
- 150 g Frischkäse

So geht's

Den Backofen auf 180 °C vorheizen. Eine kleine, beschichtete Auflaufform (18 cm x 28 cm) mit Backpapier auslegen. Die Ecken diagonal einschneiden, sodass das Papier sich an die Form und die Seiten anpasst.

Die Eier in eine Schüssel schlagen, Öl, Zucker und 4 Esslöffel Honig zugeben. Alles glatt rühren. Mehl, Weizenkeime und Backpulver in eine kleine Schüssel geben, Ingwer, Orangenschale und 1 Teelöffel Lebkuchengewürz zugeben und alles verrühren. Die Mehlmischung zur Eimasse geben und alles glatt rühren. Karotten und Pekannüsse zugeben und einrühren.

Die Mischung in die Form geben und gleichmäßig verstreichen. 30–35 Minuten backen, bis der Teig gut aufgegangen ist. Einen Holzspieß in den Teig stechen und herausziehen; wenn der Teig durchgebacken ist, bleibt kein Teig am Holz haften.

Den Kuchen aus der Form lösen, das Backpapier entfernen und den Kuchen auf ein Gitter geben. Abkühlen lassen.

Für die Creme Joghurt und Frischkäse, restlichen Honig und restliches Lebkuchengewürz in einer Schüssel verrühren. Die Creme auf dem Kuchen verteilen und mit Pekannüssen und Orangenschale garnieren. In 15 Stücke schneiden und servieren.

Jumbo-Rüblicookies

Dessert-Helden

Zutaten für 12 Cookies

- 100 g Leinsamen
- 85 g Weizenvollkornmehl
- 70 g zarte Haferflocken
- 1 TL Backpulver
- 1 TL gemahlener Ingwer
- 2 TL Zimt
- 85 g getrocknete Aprikosen, fein gehackt
- 1 Tafelapfel, entkernt und geraspelt
- 1 Karotte, gerieben
- 40 g Pekannusskerne, grob gehackt
- 3 EL Kokosöl
- 125 ml Ahornsirup
- fein abgeriebene Schale von ½ Bio-Orange, plus 3 EL Saft
- 4 EL getrocknete Kokos-Chips

So geht's

Den Backofen auf 180 °C vorheizen und zwei Backbleche mit Backpapier belegen.

Die Leinsamen im Mixer fein mahlen und in eine große Schüssel geben. Erst Mehl, Haferflocken, Backpulver, Ingwer und Zimt untermischen, dann Aprikosen, Apfel, Karotte und Pekannüsse.

Das Kokosöl in einem Topf erwärmen, bis es flüssig ist. Den Topf vom Herd nehmen und Ahornsirup, Orangenschale und -saft unterrühren. Zu den Trockenzutaten gießen und zu einem weichen Teig verarbeiten.

Den Teig in zwölf Portionen auf die vorbereiteten Bleche setzen und zu etwa 7,5 cm dicken Cookies flach drücken. Die Kokos-Chips darauf verteilen und im vorgeheizten Ofen 15–18 Minuten goldbraun backen.

Zum Servieren die Cookies einige Minuten abkühlen oder auf ein Kuchengitter heben und auskühlen lassen. Sie halten sich in einem luftdicht schließenden Behälter bis zu 3 Tage im Kühlschrank.

Schokoladen-Quinoa-Kekse

Dessert-Helden

Zutaten für 26 Kekse

- 55 g Kokosfett
- 100 g Bitterschokolade (70 % Kakaoanteil), in Stücke gebrochen
- 55 g Quinoamehl
- 1 EL Kakaopulver
- 1 TL Natron
- ½ TL Zimtpulver
- 2 Eier
- 150 g Muskovado-Zucker
- 1 TL Vanilleextrakt

So geht's

Den Backofen auf 180–190 °C vorheizen und drei Backbleche mit Backpapier auslegen.

Kokosfett und Schokolade in eine hitzebeständige Schüssel geben und auf einen Topf mit leicht köchelndem Wasser setzen. 5 Minuten unter gelegentlichem Rühren erwärmen, bis Fett und Schokolade geschmolzen sind. Darauf achten, dass die Schüssel nicht mit dem Wasser in Berührung kommt.

Quinoamehl, Kakaopulver, Natron und Zimt in einer separaten Schüssel gründlich vermischen.

Eier, Zucker und Vanilleextrakt in einer großen Rührschüssel vermischen, bis die Masse cremig ist. Erst die Schokoladenmischung einrühren, dann die Mehlmischung unterheben und glatt rühren.

Den Keksteig teelöffelweise auf die vorbereiteten Backbleche geben, dabei ausreichend Abstand lassen. Im vorgeheizten Ofen 7–9 Minuten backen, bis die Kekse außen knusprig, im Kern aber noch etwas weich sind. Auf den Blechen abkühlen und ein wenig aushärten lassen. In luftdicht verschließbaren Behältern 3 Tage haltbar.

Aprikosen-Energieschnitten

Dessert-Helden

Zutaten für 15 Schnitten

- 115 g Kokosfett
- 85 g Muskovado-Zucker
- 60 g Mandelbutter oder eine andere Nussbutter
- 1 Dessertapfel, entkernt und grob gerieben
- 150 g Haferflocken
- 40 g braunes Reismehl
- 55 g Mandelkerne, grob gehackt
- 40 g Sonnenblumenkerne
- 200 g getrocknete Aprikosen, gewürfelt

So geht's

Den Backofen auf 180 °C vorheizen. Eine quadratische Backform (20 cm x 20 cm) mit Backpapier auslegen.

Kokosfett und Zucker in einem Topf auf niedriger Stufe erhitzen, bis das Fett schmilzt und der Zucker sich auflöst. Vom Herd nehmen und die Mandelbutter einrühren, bis die Masse glatt ist.

Apfel, Haferflocken, Mehl, Mandeln und Sonnenblumenkerne einrühren.

Zwei Drittel der Mischung in die vorbereitete Form löffeln und leicht andrücken. Die Aprikosen darüberstreuen und leicht in die Haferflockenmischung drücken. Die restliche Mischung so darübergeben, dass einzelne Aprikosenstückchen noch sichtbar sind.

Im vorgeheizten Ofen 25 Minuten backen, bis die Oberfläche goldbraun ist. Aus dem Ofen nehmen und fast ganz abkühlen lassen. Dann in 15 Rechtecke schneiden. Die einzelnen Schnitten in einen Kunststoffbehälter geben. Im Kühlschrank bis zu 3 Tage lagern.

Rhabarber-Zitronen-Kuchen

Dessert-Helden

Zutaten für 9 Stücke

- 300 g Rhabarberstangen, abgezogen und in 2-cm-Stücke geschnitten
- 100 g gemahlene Mandeln
- 115 g Vollkornreismehl
- 1½ TL Backpulver
- 1 reife Banane, zerdrückt
- 150 ml Reiskleieöl
- 115 g Muskovado-Zucker
- abgeriebene Schale von 1 Bio-Zitrone
- 3 Eier
- 25 g gehackte Mandeln, zum Bestreuen

Sirup

- Saft von 2 Zitronen
- 60 g Muskovado-Zucker

So geht's

Den Backofen auf 180 °C vorheizen. Eine rechteckige Backform (20 cm × 30 cm) mit Backpapier auslegen.

Den Rhabarber in eine trockene Auflaufform legen und 10 Minuten im vorgeheizten Ofen backen, bis er fast weich ist. Aus dem Ofen nehmen, aber diesen nicht ausschalten.

Gemahlene Mandeln, Mehl und Backpulver in einer Schüssel vermengen.

Banane, Öl, Zucker und Zitronenschale in einer zweiten Schüssel glatt rühren. Die Eier einzeln einrühren, dann die Mehlmischung einarbeiten.

Den Teig in die vorbereitete Backform füllen und die Rhabarberstücke darüberstreuen. 25–30 Minuten backen, bis der Kuchen gut aufgegangen ist und bei Fingerdruck elastisch nachgibt.

Für den Sirup Zitronensaft und Zucker vermischen. Den Kuchen mit der Hälfte des Sirups tränken und 1–2 Minuten ziehen lassen. Den restlichen Sirup darübergießen, mit den gehackten Mandeln bestreuen und in der Form abkühlen lassen.

Den Kuchen aus der Form nehmen, das Papier abziehen und den Kuchen in neun kleine Stücke schneiden. Innerhalb von 2 Tagen verzehren oder einfrieren.

Bananenbrot mit Gojibeeren

Dessert-Helden

Zutaten für 10 Scheiben

- 80 g weiche Butter, plus etwas zum Einfetten
- 115 g heller Muskovadozucker
- 2 Eier
- 3 große Bananen (500 g mit Schale), zerdrückt
- 115 g Weizenvollkornmehl
- 115 g Weizenmehl (Type 405)
- 2 TL Backpulver
- 55 g Haselnusskerne, grob gehackt
- 40 g getrocknete Gojibeeren
- 40 g getrocknete Bananenchips

So geht's

Den Backofen auf 180 °C vorheizen. Eine Kastenform (1 l Inhalt) einfetten und so mit Backpapier auslegen, dass es an den beiden Längsseiten etwas übersteht.

Butter und Zucker in einer großen Schüssel cremig rühren. Die Eier einzeln einarbeiten, dann die Bananen.

Beide Mehlsorten und Backpulver in einer zweiten Schüssel mischen. Unter die Buttermischung rühren, bis ein glatter Teig entstanden ist. Haselnüsse und Gojibeeren unterziehen.

Den Teig in die vorbereitete Form füllen und glatt streichen. Mit den Bananenchips bestreuen. Das Brot im vorgeheizten Ofen 50–60 Minuten backen, bis es schön aufgegangen ist. Zur Garprobe einen Holzspieß in die Mitte stechen; wenn kein Teig mehr daran haften bleibt, ist das Brot durchgebacken.

Das Bananenbrot 5 Minuten abkühlen lassen, dann mithilfe des Backpapiers aus der Form heben und auf einem Kuchengitter abkühlen lassen. Das Backpapier abziehen. Das Bananenbrot hält sich in einem luftdicht schließenden Behälter bis zu 3 Tage.

Haferriegel

Dessert-Helden

Zutaten für 6 Portionen

- 170 g fettarme Margarine, plus etwas mehr zum Einfetten
- 3 EL Honig
- 150 g Rohrohrzucker
- 120 g feine Erdnussbutter
- 420 g Haferflocken
- 60 g getrocknete Aprikosen, klein gewürfelt
- 2 EL Sonnenblumenkerne
- 2 EL Sesamsaat

So geht's

Den Backofen auf 180 °C vorheizen. Eine quadratische Backform (22 cm x 22 cm) einfetten.

Die Margarine mit Honig und Zucker bei kleiner Hitze in einem Topf zerlassen. Wenn sich der Zucker aufgelöst hat, die Erdnussbutter zufügen und rühren, bis eine glatte Masse entstanden ist. Die restlichen Zutaten sorgfältig unterrühren.

Die Masse in die vorbereitete Form drücken und im vorgeheizten Ofen 20 Minuten backen. Aus dem Ofen nehmen und in der Form auskühlen lassen. Dann in 16 Stücke schneiden und servieren.

Zimtorangen

Dessert-Helden

Zutaten für 4 Portionen

- 4 große Orangen
- 1 TL Zimt
- 1 EL Rohrohrzucker

So geht's

Den Backofengrill vorheizen. Die Orangen halbieren und entkernen. Mit einem scharfen Gemüsemesser oder einem gebogenen Grapefruit-Messer das Fruchtfleisch vorsichtig von der weißen Innenschale lösen und zwischen den Trennhäuten einschneiden, sodass es sich nachher mit einem Löffel locker herauslösen lässt.

Die Orangenhälften mit der Schnittseite nach oben in eine flache Auflaufform setzen. Zimt und Zucker in einer Schale mischen und die Orangen gleichmäßig damit bestreuen.

Die Orangen unter dem vorgeheizten Grill auf oberster Schiene 3–5 Minuten gratinieren, bis der Zucker karamellisiert und goldbraun ist. Sofort servieren.

Knusperbecher mit frischen Beeren

Dessert-Helden

Zutaten für 6 Portionen

- 120 g Hafergrütze (mittelgrob geschrotet)
- 80 g zarte Haferflocken
- 40 g Mandeln, grob gehackt
- 2 EL Kürbiskerne
- 2 EL Sonnenblumenkerne
- 2 EL grob geschrotete Leinsamen
- ½ TL Zimt
- 3 EL Ahornsirup
- 1 EL Olivenöl
- 25 g getrocknete Gojibeeren

Zum Servieren

- 120 g Knuspermüsli
- Saft von 1 Orange
- 120 g Joghurt (10 % Fett)
- 1 Tafelapfel, entkernt und geraspelt
- 120 g Erdbeeren, in Scheiben geschnitten
- 40 g Blaubeeren

So geht's

Den Backofen auf 160 °C vorheizen. Hafergrütze, Haferflocken und Mandeln in einer Schüssel mit Kürbis- und Sonnenblumenkernen, Leinsamen, Zimt, Ahornsirup und Öl sorgfältig vermengen.

Die Mischung gleichmäßig in einer großen Bratform oder auf einem tiefen Backblech verteilen und im vorgeheizten Ofen 30–35 Minuten goldbraun backen. Dabei alle 5–10 Minuten wenden und gebräuntes Müsli vom Rand in die Mitte schichten.

Aus dem Ofen nehmen, die Gojibeeren untermischen, dann das Müsli abkühlen lassen. Das Müsli in einem luftdicht schließenden Behälter aufbewahren; es hält sich bis zu 5 Tage.

Zum Servieren das Müsli in zwei Gläser füllen, dabei etwas für die Garnierung zurückbehalten. Mit dem Orangensaft übergießen. Joghurt und Apfelraspel mischen und über das Müsli geben. Erdbeeren und Blaubeeren darauf verteilen. Mit dem restlichen Müsli bestreuen.

Energiekugeln

Dessert-Helden

Zutaten für 8 Kugeln

- 50 g blanchierte Mandeln
- 60 g Erdnussbutter
- 20 g ungesalzene Erdnüsse, grob gehackt
- 3 EL Leinsamen
- 30 g Bitterschokolade (80 % Kakaoanteil), fein gehackt
- 1 Prise Meersalz
- 1 TL Kakaopulver

So geht's

Die Mandeln in eine Küchenmaschine geben und 1 Minute zerkleinern, bis sie grob gemahlen sind.

Erdnussbutter, Erdnüsse, Leinsamen, Schokolade und Salz in einer kleinen Schüssel verrühren. Das Mandelmehl bis auf 1½ Esslöffel zufügen. Gut vermischen, sodass ein feuchter Teig entsteht.

Restliches Mandelmehl und Kakaopulver auf einen Teller streuen und vermengen. Aus der Erdnussmischung eine esslöffelgroße Portion abstechen und diese mit den Handflächen zu einer Kugel rollen. In der Mandel-Kakao-Mischung wälzen und auf einen Teller legen. Auf diese Weise sieben weitere Kugeln formen.

Abdecken und mindestens 30 Minuten in den Kühlschrank stellen. Sie halten sich dort bis zu 2 Tage.

Erdbeerquark

Dessert-Helden

Zutaten für 4 Portionen

- 100 g Erdbeeren, geputzt und grob gehackt, plus einige halbierte Früchte zum Garnieren
- 200 g Quark
- 1 TL Zitronensaft
- 4 Scheiben Weizenvollkornbrot
- 2 Nektarinen, in Spalten

So geht's

Die Erdbeeren im Mixer glatt pürieren, dann in eine Schüssel füllen und mit Quark und Zitronensaft glatt rühren.

Das Brot toasten und in Streifen schneiden. Den Erdbeerquark in vier Schalen füllen. Auf vier Serviertellern Brotstreifen und Nektarinenspalten zum Dippen anrichten und die Schalen ebenfalls auf die Teller setzen. Den Quark mit Erdbeerhälften garnieren und sofort servieren.

Gefüllte Nektarinen

Dessert-Helden

Zutaten für 4 Portionen

- 4 EL Joghurt (10 % Fett)
- fein abgeriebene Schale von ½ Bio-Orange
- 4 reife Nektarinen, halbiert
- 140 g Blaubeeren
- 115 g Himbeeren
- 150 ml frisch gepresster Orangensaft
- 2 TL flüssiger Honig
- 1 EL Weinbrand (nach Belieben)

So geht's

Den Backofen auf 180 °C vorheizen. Joghurt und Orangenschale in einer kleinen Schüssel mischen, abdecken und in den Kühlschrank stellen.

Die Nektarinen in eine flache, ofenfeste Form geben. Die Aushöhlung in der Mitte der Nektarinenhälften mit Blau- und Himbeeren füllen. Überzählige Beeren ringsherum auf den Rand legen.

Orangensaft, Honig und Weinbrand nach Belieben in einen kleinen Krug geben. Verrühren und über die Früchte gießen. 10 Minuten im Ofen backen, bis die Früchte heiß sind.

Sofort mit dem Orangenjoghurt servieren.

Erdnussbutter-Apfel-Sandwich

Dessert-Helden

Zutaten für 4 Portionen

- 2 ungeschälte Granny-Smith-Äpfel
- 2 ungeschälte rote Äpfel
- Saft von 2 Zitronen
- 115 g grobe Erdnussbutter
- 4 EL getrocknete Cranberrys, grob gehackt
- 2 EL Sonnenblumenkerne
- 2 EL Haferflocken
- 60 g getrocknete Aprikosen, gewürfelt
- 35 g Haselnusskerne, grob gehackt

So geht's

Beide Äpfel in je sechs Scheiben schneiden, dann die Kerne (Kerngehäuse braucht nicht entfernt zu werden) herauslösen. Die Scheiben in eine Schüssel geben und gleichmäßig mit dem Zitronensaft beträufeln, damit sie nicht braun werden.

Die Scheiben abtropfen lassen, auf ein Schneidebrett legen und jede Scheibe mit der Erdnussbutter bestreichen. Die Hälfte der Scheiben mit Cranberrys, Sonnenblumenkernen, Haferflocken, Aprikosen und Haselnüssen bestreuen.

Mit den restlichen Apfelscheiben abdecken, dabei die bestrichene Seite nach unten legen. Die Sandwiches zusammendrücken. Sofort servieren.

Kokos-Haselnuss-Trüffel

Dessert-Helden

Zutaten für 6 Törtchen

- 85 g Haselnusskerne
- 55 g Kakaosplitter, plus 1 EL mehr zum Dekorieren
- 6 weiche getrocknete Feigen, grob gehackt
- 25 g Kokosraspel, plus 2 EL mehr zum Dekorieren
- 1 EL Ahornsirup
- fein abgeriebene Schale und Saft von ½ kleinen Orange

So geht's

Haselnüsse und Kakaosplitter in eine Küchenmaschine geben und sehr fein hacken.

Feigen, Kokosraspel, Ahornsirup, Orangenschale und Orangensaft zugeben und weitermixen, bis die Mischung sich zu einer Kugel formt.

Die Mischung aus der Küchenmaschine heben und in 20 gleich große Portionen aufteilen. Jede mit der Hand zu einem Trüffel rollen.

Auf Backpapier oder auf einem großen Teller den zusätzlichen Esslöffel Kakaosplitter fein hacken und mit den zusätzlichen Kokosraspeln vermischen. Die Trüffel nacheinander in der Kakao-Kokosnuss-Mischung rollen und sofort servieren oder in einen Kunststoffbehälter geben. Im Kühlschrank bis zu 3 Tage lagern.

Register

Wok

Grillen

Nudel Gerichte

Salate

Tapas

Schokolade

Schnelle Gerichte

Cocktails

Desserts

Partyküche

Cupcakes & Muffins

Vegan

Säfte & Shakes

Studenten Küche

Vegetarisch

Backen